JN070164

頭足類身体シリーズ・完結編

頭足類身体の自在圏

中井　孝章

日本教育研究センター

目 次

はじめに
——頭足類画の本質あるいは頭足類身体の前哨

　本論を先取りして，まずは，頭足類画とは何かについて述べることにしたい。そのことを明らかにすることは，それを描く幼児の頭足類身体およびその身体像を理解することにつながる。ここで，頭足類画とは何かというと，それは，胴体がなく，頭から直接，手足が生えた子どもの絵のことである。一般に，頭足類画は，世界中の幼児（2～3歳児）が描くが，筆者の子どもも，2歳5ヶ月のときに，それを描いた。

　ところで，頭足類画の本質について考える上で，最大級の間違いというべき解釈を取り上げ，反面教師としたい。それは，福岡伸一の頭足類画についての記述である。福岡は，科学者でありながらも自らの立場を逸脱して，従来の「機械論的な生命観」に取って代わる新しい生命観，すなわち「動的平衡の生命観」を提唱している。その後，その生命観は，（まったく無関係に思われる）フェルメールの絵画をはじめ，さまざまな文化領域へ拡張・適用されているが，ついに，その"被害"は頭足類画にも及ぶに到った。

　福岡は，幼児が描く頭足人の絵（頭足類画）を見ればわかるように，幼児の段階ですでに，「人間は，目，鼻，口，手足というパーツからできているという考えに支配されている」[福岡伸一，2020：73]，すなわち「機械論的な生命観に染まっている」[同前：72]と宣う。そして彼は，「子どもは目，鼻，口という『部品』で人間の体ができていると思っているが，実はそれらはつながっていて，一つの体として機能を持っている『全体』でもある」[同前：75-76]としている。この「全体」こそ，「動的平衡の生命観」なのだ。つまり彼からすると，頭足人の絵は，フクオカ博士の「動的平衡の生命観」の妥当性を述べるための，単なる捨て石にすぎないのである。

これほど低級の，間違った論述をわざわざ持ち出したのは，頭足類画を理解するにあたって，児童画研究者らも福岡と同じ間違いを犯しているからである。その間違いとは，頭足類画という描かれたフォルム（形態）への固執である。ここでは，一々取り上げないが――その必要もないが――，人物についての心的表象が未分化・不完全であるため，頭と胴体が未分化でひとまとまりに描かれるとする心的表象説をはじめ，運動技能未成熟説，総合能力欠如説，先天的記憶説，描画構成の立案能力未発達説，情報処理能力（記憶・検索）の限界説，最近では，命名するとすれば，四つ足動物の正面像説［皆本二三江，2017：58-63］のように，常軌を逸した学説まである。再び，強調すると，すべてに共通している間違いとは，フォルムへの固執に尽きる（そのことに加えて，フォルムに対する過剰な解釈が加算されたものもあるが，これ以上言及しない）。

　こうした捉え方はさておき，頭足類画の本質を捉えるために，幼児が頭足類画を描く直前へ遡及することにしたい。

　筆者からみて，頭足類画を正しく理解する上で，唯一，手がかりになるのは，W.グレツィンゲルである［Grözinger, 1961=2000］。後述するように，グレツィンゲルは，頭足類画が描かれる直前のなぐり描き（スクリブル）へ遡及する。彼によると，なぐり描きには，幼児の三つの基本体験が内包されている。つまりそれは，「子どもが小さな星のように自分でくるくる回り，浮かびただようこと――回転的空間感情。子どもが垂直と水平の方向，したがって起立と言うことを十分味得する直立－根源的十字。重力を克服するところの進行――ジグザグ。」［同前：32=33］である，と。

　ここで肝心なのは，なぐり描きにおいて幼児の手が有する「〈回転的〉空間感情」が，紙一面に描く円環や渦巻の形体となって発現するということである。つまり，幼児は，空間に浮かび漂う回転的空間感情を表す球体を自らの身体感覚・意識としている。それは，「幼児の全体は感受性を持った閉じた一つの球」であり，この「閉じた一つの球」（内部）は手や足で外とつながっている。つまり，回転的空間感情は「頭＝円形」に，根源的十字は地面に水平と垂直に直

立した手や足に，各々，対応している。

　以上のことから，頭足類画を描く幼児は，自らの身体を回転的空間感情としての球体として内受容的に感じていると考えられる。この場合，手や足はこの球体に副次的に付け加えられたものにすぎず，幼児は円形の頭部と比べて，手や足を自らの身体として感じとっていないと考えられる。繰り返し強調すると，頭足類画を描く幼児は，自らの身体そのものを球体（「円形＝頭部」）として了解している。

　したがって，頭足類画の本質とは，幼児がなぐり描きの頃から持ち続けてきた，回転的空間感情としての球体というボディイメージである。幼児自らが持ち続けてきた独自のボディイメージをようやく，外に表現することができるようになったのが，頭足類画なのである。その意味で頭足類画は，幼児の身体像もしくは自画像なのである。

　以上が頭足類画の本質である。ところが──述懐すれば迂闊なことに──，筆者は，頭足類画についてはそれなりの研究成果を出したが，肝心の，頭足類画を描く当の幼児の世界の見方や捉え方については置き去りにしてしまったのである（児童画研究にとどまってしまった）。頭足類画は，大変魅力的な「子どもの絵」であることに相違ない。ただ，肝心なのは，頭足類画以上に，それを描く２～３歳児の身体，いわゆる「頭足類身体」の方ではなかったか。

　偶然にも，そのことを筆者に教えてくれたのは，筆者が大学生の頃に出版され，最近，古書で入手した東久部良信政『頭足類の人間学』（葦書房，1978 年）である。同書では，埴谷雄高の「自同律の不快」をはじめ，頭足類身体に特有の世界が文学や哲学など幅広いジャンルに跨がって展開されている。しかもそれは，頭足類身体についての縦横無尽の知識にとどまらず，特有の論理展開が提示されている。後述するように，頭足類身体の論理は，私性の論理学もしくは原論理と呼ばれるが，数学や論理学よろしく，明解な論理式として表されているのである。

　本書は，同書を海図としながら，これまでの私の「頭足類画」研究を踏まえ

3

た上で，それを「頭足類身体」研究へと百八十度旋回して，幼児（乳幼児）の生きられる頭足類身体の論理を解明したものである。裏を返せば，頭足類画を描く頭足類身体は，人間の発達画期の中でもきわめて特殊な認知や感情のモードを有している。つまり，頭足類画が不十分な人物表現だということを逆算すると，生きられる頭足類身体は，かなり特殊な，認知や感情のモードによって駆動されているのではないかと推測することができる。

　本書の構成は，次の通りである。
　まず，序章では，頭足類身体論の基底にある人間規定について述べる。その人間規定とは，3歳児までは「動物」ではなく，「人間」であること，しかも，人間は元来，「ホモ・デメンス」であることを意味する。
　Ⅰ章では，筆者が以前にまとめた頭足類画の本質について詳述する。その本質を明らかにする手がかりとして鏡像段階を取り上げ，その理路について論述する。その上で，頭足類画からそれを描く幼児の頭足類身体へ百八十度旋回することによって，3歳未満の生きられる頭足類身体，そうした頭足類身体が青少年や成人に回帰する，精神疾患としてスキゾイド（なぜ，頭足類的な身体像・自己像を持つのかについての解明も含めて），スキゾイドが増悪した統合失調症，特に否定妄想症の頭足類身体について図版を駆使しながら論述する。
　Ⅱ章では，東久部良信政が提唱する「私性の論理学」の立場から3歳児未満の生きられる頭足類身体の論理をはじめ，さまざまな頭足類身体の原論理を論述する。
　Ⅲ章では，視覚レベルでの鏡像段階習得の途上にある，3歳未満の頭足類身体の発達過程を E.ワロンの発達理論（『児童における性格の起源』）を通して具体的に論述する。
　Ⅳ章では，発達初期の母子関係の本質，特に母親（特定の養育者）の原初的役割を解明するために，すでに解明した頭足類身体の論理を応用する。発達初期の母子関係は，メタ身体論（第三者の審級論）から発生論的に記述できるが，

4

なかでも，乳幼児の「過程身体」と「抑圧身体」は最重要な概念である。母親の原初的役割は，乳幼児の「過程身体」を「抑圧身体」へソフトランディングするのを支援することにあるわけだが，この場合の「過程身体」は，「頭足類身体」とほぼ同義である。よって，初期の母子関係における乳幼児の「過程身体」に「頭足類身体」を代入することで，乳幼児の精神発達のプロセスは鮮明に記述し得ることになるのである。

　Ｖ章では，生きられる頭足類身体として私たちの誰もが体験する（実際は，すでに体験している），無我夢中の状態（「我を忘れる」こと），遊び，同調した対象と同じ状態になるために集中する「になる」実践を取り上げ，乳幼児の生きられる頭足類身体ほどではないにしても，私たちが頭足類身体を生きられている機会と機序について解明する。

　Ⅵ章では，筆者がこれまで遭遇したさまざまな頭足類身体たちとの「対話」を論述する。古代ギリシャの数学者，作家，美学者，タコとの「対談集」である。なかでも，美学者，伊藤亜沙は稀有な頭足類身体の持ち主であり，そうした頭足類身体が目の見えない人に変身して，彼らの世界の見え方をあるがままに捉え，論述する。

　最後に，本論の要約として結語を論述するとともに，そこから抽出される「頭足類身体の公理」を提示する。

序 章
──ホモ・デメンスという人間規定

　かつて，フランスの思想家，E.モランは，自然の本能が破壊された生き物とい
う意味で人間を「ホモ・デメンス（錯乱人・倒錯人）」と規定した［Moran,
1973=1975］。A.ゲーレンらの人間学もまた，モランと同様に，人間を環境から
逸脱した過剰な存在という意味でそう規定している［Gehlen, 1956=1970］。

　こうした人間規定については賛否両論あるが，筆者は，「ホモ・デメンス」と
いう人間規定を個体発生の過程，特に乳幼児期の特性として捉えている。周知の
ように，私たち人間は3歳以前に体験したことを記憶していない。その理由は，
脳神経の未発達，特に言語記憶にかかわる海馬の未発達に因るところが大きいと
いわれている。しかも，人類進化の摂理が示すように，人類が直立歩行をして以
来，胎盤が狭まることで，脳が成長して大きくならないうちに，胎児は産道を通
り抜けることを要請されたのである（A.ポルトマンの「生理早産説」）。したがっ
て，私たち人間はすべて，脳神経が未発達の状態のまま，世界に生まれ出てくる
のである。

　裏を返すと，私たち人間にとっては，3歳未満のとき，すなわち脳神経が未発
達の状態にあるとき，他の動物には決してみることができない体験をしていると
考えられる。ただ，その体験とは引き替えに，私たち人間は3歳になったとき初
めて，動物になる。人間は大型動物でありながら，たとえばキリンやウマのよう
に，生まれた瞬間から自分の力で立つことができないのだ。それどころか，生ま
れてから長いあいだ，養育者の世話を受けざるを得ない。

　誤解を恐れずに述べると，生まれてから3歳未満までは，真正の意味での人間，
すなわち「人間としての人間」であるのに対して，3歳以降は，動物，すなわち
「動物としての人間（ヒト）」になるのである。前述したホモ・デメンスという

人間規定が適用されるのは，3歳未満の方であることはいうまでもない。

　ところで，筆者は3歳を境界に，3歳未満と3歳以降という二つに大きく区分したが，こうした区分を裏づけるものとして，3歳未満の幼児が描く頭足類画がある。むしろ，3歳未満，主に2歳の幼児が描く頭足類画こそ，二つの発達区分を行う指標だと考えられる。正確には，3歳未満の幼児が最終の段階で描くのが頭足類画（胴体がなく，頭から手足が出ている絵）であり，3歳以降の幼児が最初の段階で描くのが人物画（顔，胴体，手足等が揃った絵）である。つまり，児童画の発達からすると，3歳未満と3歳以降は，各々，頭足類画と人物画に対応している。

　頭足類画については次章で詳述することにして，ここでは，頭足類画は「胴体がなく，頭から手足が出ている絵」と規定した上で，論を進めたい。胴体が欠如した頭足類画を描く3歳未満の幼児は，前述したように，脳神経が未発達であることを加味すると，未だ自己（自分自身）および「自己」という言葉を認識していない。もっというと，未だ身体を所有していない，ましてや未だ身体意識を所有していない。未だ身体および身体意識を所有していないということは，自己と他者を区別していないことを意味する。そのことは，自他が未分化な状態を意味する。なお，頭足類画を描く3歳未満の幼児が未だ自己を認識せず，身体および身体意識を所有していないことについての詳細は，次章で述べる，頭足類画の解釈を通してあらためて明らかになろう。

　以上述べてきたように，現時点で明らかになったのは，頭足類画を描く3歳未満の幼児が，未だ自己がない，身体（身体意識）を所有していない，他者との区別がない，いわゆる自他未分化な状態で世界（他者・モノ）とかかわりながら，独自の体験をしているということである。こうした独自の体験は，他の動物や3歳以降の「動物としての人間」にはみられないものであることから，ホモ・デメンスという人間規定につながるのである。

　平たくいうと，3歳未満の幼児と3歳以降の子どもおよび大人の決定的な違いは，自己および身体を所有している否かということに帰着する。それにしても，

未だ身体を所有していない状態にある人間（「人間としての人間」）は，どのように世界（他者・モノ）を捉えているのであろうか。その様相をすでに「動物としての人間」である私たちは，どのように捉えることができるのであろうか。本書の目的は，ただこの一点を解明することにある。

　繰り返すと，私たち人間はまず何よりも，人間（「人間としての人間）として生まれるのであり，したがって，3歳未満の幼児は，未熟な動物（「動物としての人間」）ではなく，実に人間らしい人間なのである。頭足類画を描く3歳未満の幼児こそ，ホモ・デメンスに値する。それに対して，正確な人物画や人物表現を行う3歳以降の人間は，「三つ子の魂百まで」といわれるように，動物としての人間（ヒト）を形成・確立していくのである。私たち人間は3歳以降，自他未分化の状態を脱して，個体としての性格・人格を形成し，一旦，形成した性格・人格を生涯にわたって保持するのである。進化心理学から述べると，このように，私たち人間が子どもから大人に向けて個体としての性格・人格を形成するのは，外界から近づいてくる他者・モノから個体としての自らの生存や利益を守るためである。動物とは，他者・モノからわが身を守る者の謂いである。とはいえ，3歳以降の人間は，日々，そして恐らく生涯にわたって同じ体験を反復する。さまざまな人間行動の大半は，F.ニーチェのいう永劫回帰の世界にすぎない。

　このように，3歳を境界に，3歳未満の乳幼児と3歳以降の子どもおよび大人では，生きられる世界はまったく異なるのである。

　ところで，独自の頭足類論を提唱する東久部良信政は，人間（3歳未満の乳幼児）以外の動物に関連して興味深い事例を二つ挙げている。それらを敷衍すると，次のようになる。

　一つ目は，生まれたてのサルの事例である。ニホンザルの子どもを育て上げた観察記録によると，サルは生後17日目になったとき，「すねる」という所作が見られたという。ここで「すねる」という所作とは，サルの育児者がサルに近づく，反対に，遠ざかるという対猿距離の変化によってサルが各々，表情を変えたというものである。この所作は，人間の生後3年目に出現する幼児の反抗現象（第一

次反抗期）に相当する。したがって，赤ちゃんのときから育てていたサルが反抗現象を顕著に示したことから，サルが文字通り，動物になるのに必要な時間（日にち）は，生後 17 日間であることが判明したことになる［東久部良信政，1978：120／川辺寿美子，1964］。

　このように，サルが生後 20 日も経たないうちに動物として成熟し始める。それに比べれば，人間は「動物としての人間（ヒト）」として成熟し始めるようになるまでに，実に 3 年間もの年月を要するわけである。サルの 17 日間は，人間の 3 年間に匹敵するのだ。ということは，サルがこの短期間のうちに，「人間としての人間」に匹敵する，「サルとしてのサル」と呼ぶに値する体験および発達をしているということになる。誤解を招く表現になるが，サルは17日間，文字通りの動物ではない特別な存在なのだ。

　二つ目は，今日ではモラル上，禁止されている，サルを人間化する動物実験である。この実験は，「人間以外の動物が，頭足類身体化され，分裂症化されることによって，その動物は人間存在になりえるということが可能」［東久部良信政，1978：115］だという前提でなされたものである。具体的には，薬物を用いてニホンザルを精神分裂病（現・統合失調症）に近づける実験である［台 弘・町山幸輝，1973：57-84］。一般的には，統合失調症のモデル基づく実験である（当時は，「精神分裂病モデル」と名づけられた）。

　その結果，薬物注射等によって人工的に統合失調症にされたニホンザルは，「自分の体の一定部位（腿，腹，ペニスなど）を執拗に，さぐるようにいじる」といった「体いじり」［同前：63］や，「対象の必ずしもさだかでない方向に視線を向けているもので，自分の体の一部，床上の何か，空中の何かをみつめ（空のぞき），さぐり，うかがう態度を示し，さらに奇妙なことには，仲間の猿を『見知らぬものでもあるかのように』近接してまじまじみつめる」といった「のぞき」［同前］を行うのである。総じて，人工的に統合失調症にされたニホンザルは，対猿関係上の障害を起こした。そのことが，自律（自立）した，個体としての動物以前の状態への退行であることは明らかである。

　この点について東久部良は，ニホンザルは「動物としての自己感情を失うことによってより個別の自己の境界は喪失する。そして逆に他者や環界は拡大された自己の中へ取り込むことができる」［東久部良信政，1978：118］と述べて，統合失調症化されたニホンザルの自己感情の希薄性と自己未成立は，3歳未満の乳幼児，すなわち動物存在以前の段階を体験しているとみなしている。というのも，後述するように，3歳未満の乳幼児を再び生きられるのが，統合失調症の病者であり，この場合のニホンザルは自己感情の喪失によって動物以前の状態へと戻って（退行して）いるからである。

　繰り返し強調すると，ニホンザルの統合失調症モデルからわかるように，3歳未満の乳幼児は，動物以前のあまりにも人間らしい段階にあり，その段階へと回帰し，それを再体験する者こそ，統合失調症の病者ということになる。

11

Ⅰ．頭足類画から読み解く乳幼児の精神発達

　本章では，頭足類画の解釈を通して推察することができる，３歳未満の子ども
の精神発達の状態を解明する。頭足類画を読み解く上で手がかりになるのは，鏡
像段階である。鏡像段階は，二つの「自己」概念，すなわちⅠとMeを用いるこ
とで説明できるが，さらに，それを駆使することで，頭足類画の正体を解明する
ことができる。また，頭足類的イメージを抱く者として，スキゾイドや統合失調
症を挙げることができるが，その機序は，R.D.レインのⅠとMeの弁証法および
それを示す図によって解明することができる。頭足類画もしくは頭足類的イメー
ジの保有者ということでは，３歳未満の幼児も，スキゾイドや統合失調症の病者
も，類似した認識構造を有するのである。そのことからしても，３歳未満の乳幼
児はホモ・デメンス（錯乱人）の代表なのである。人間は，脳神経が未発達で生
まれてくることから，発達初期は動物以前の特殊な精神発達状態にある。その状
態は，スキゾイドや統合失調症と共通している。むしろ，スキゾイドや統合失調
症は，３歳未満の乳幼児の精神発達状態への回帰である。したがって，本章では，
こうしたⅠとMeの弁証法を通して，頭足類画および頭足類的イメージを解釈す
ることで，３歳未満の幼児，スキゾイド，統合失調症の精神状態に共通する〈狂
い〉について分析・考察する。

1．頭足類画とは何か

まずは，頭足類画とは何かについてあらためて述べることにしたい。
　一般的に，３歳未満（主に，２歳）の幼児は，円状の線描で描かれた頭に直接，
手や足を付ける表現様式によって人物を描く。正確にいうと，この発達画期の幼
児は，円状の形体（円形）である頭に目，口，鼻を描き，「円形＝頭」の外に手

や足の線を描く。こうした描画は，胴体がなく手足が頭部領域から出ていて，タコやイカといった頭足類，またはおたまじゃくしの形態と類似していることから，それは「頭足類画（tadpole）」，または「頭足人画」，「頭足人間」，「おたまじゃくし画」と呼ばれている。端的に述べると，頭足類身体は，球形の人間の自画像である。しかもこの頭足類画は，R.ケロッグが述べるように［Kellogg, 1969=1971］，世界中の民族に共通して，個体の幼少期に等しく見出されるものである。ところが，3歳以降になると，頭足類画はほとんど見られなくなり，より完全な人物表現へと近づくことになる。

　ところで，頭足類画を理解するために，児童画研究の第一人者である W.グレツィンゲルに沿って［Grözinger, 1961=2000］，頭足類画が描かれる直前の，2歳の頃を過ぎてから開始されるなぐり描き（スクリブル）へ遡及すると，なぐり描きはまず，幼児の手が有する「〈回転的〉空間感情」が紙一面に描く円環や渦巻の形体となって表われる。そして，こうした円形に上下の垂直運動，左右の水平運動が加わり，その結果，十字型の形体が生まれ，幼児はそのフォルムを発見する。続いて，ジグザグ線が垂直と水平に伏せた状態で移動する。

　このように，なぐり描きは，幼児の三つの基本体験が内包されている。つまりそれは，「子どもが小さな星のように自分でくるくる回り，浮かびただようこと——回転的空間感情。子どもが垂直と水平の方向，したがって起立ということを十分味得する直立－根源的十字。重力を克服するところの進行——ジグザグ。」［同前：32=33］である。しかも，「これら根源的現象に，まもなく箱形も加わってくる。」［同前：33］

　重要なことは，回転的空間感情，根源的十字，ジグザグといったこれら三つの根源の現象に箱形を加えると，四つの基本体験が，なぐり描きの後に登場する，人物表現としての頭足類画の中に反映されているということである。つまり幼児は，空間に浮かび漂う回転的空間感情を表す球体を自らの身体感覚・意識としている。それは，「幼児の全体は感受性を持った閉じた一つの球」であり，この「閉じた一つの球」（内部）は手や足で外とつながっている。つまり，回転的空間感

情は「頭＝円形」に，根源的十字は地面に水平と垂直に直立した手や足に，各々，対応しているのである。

　誤解を恐れずにいえば，頭足類画を描く頃の幼児は，自らの身体（肉体）を回転的空間感情としての球体として内受容的に感じていると考えられる。この場合，手や足はこの球体に付け加えられたものにすぎず，幼児は円形の頭部と比べて，手や足を自らの身体だと感じとっていないと考えられる。繰り返し強調すると，頭足類画の時期の幼児は，自らの身体そのものを球体（「円形＝頭部」）として了解している。

　ではどうして，3歳未満（主に2歳）の幼児は，頭部から手足が出ているような奇っ怪な人物表現を行うのであろうか。この点については従来，発達心理学の知見に依拠した児童画研究の立場からさまざまな学説が提示されてきた。ただ，本書は児童画の研究書ではないことから，これ以上の言及は避けることにするが（詳細は，［中井，2004／2018］参照），筆者は，次節で述べるように，頭足類画を，鏡像段階を中心とする幼児の精神発達と関連づけて捉えてきた。

2．頭足類画と鏡像段階

（1）鏡像段階の理路

　なぜ，3歳未満（主に，2歳）の幼児は頭足類画を描くのか——この謎を解く手がかりは，幼児が3歳未満までに習得する精神発達の過程，特に自己形成の過程を解明することにある。なかでも，6ヶ月〜18ヶ月の幼児が体験・習得する「鏡像段階（stage of mirror）」は，自己形成にとって最重要な，発達上の課題である（後で述べるように，H.ワロンは，乳幼児の臨床研究に取り組むこともあって，乳幼児による鏡像段階の習得時期を J.ラカンよりも長いスパンで捉えている[註釈（1）]）。

　ところで，人間の精神発達にとって鏡像段階が最重要である理由は，A.ポルトマンの生理早産説が示すように，幼児の脳（脳神経）が未熟なまま産まれてくる

ことにある。簡潔に述べると、人間は直立歩行という進化によって骨盤が狭くなったため、脳が十全に発達した後では、産道を通ることができなくなった。したがって、幼児（人間）の脳は未熟な状態のまま、生まれてしまうことになる（脳の未熟な状態での出産は、立ち上がることや歩くことをはじめ身体能力の未熟な状態での出産と比べてもより深刻な事態である）。

　脳が未熟なまま生まれてくることは、乳児が自らの身体を統一することができないことを意味する。こうした不快極まりない身体の不統一を解決してくれるものこそ、鏡像段階である。それは、ワロン［Wallon, 1949=1970：190-208］によって発見され、M.メルロ＝ポンティ［Merleau-Ponty, 1962=1966］やラカン［Lacan, 1966=1972］らによって進展された。

　ラカンによると、人間（幼児）にとって自己形成上の重要な契機である鏡像段階は、次のように定義される。

　「鏡像段階は、その内的進行が不十分さから先取りへと急転する一つのドラマなのであるが──このドラマは空間的同一化の罠にとらえられた主体にとってはさまざまの幻像を道具立てに使い、これら幻像はばらばらに寸断された身体像（corps morcelé）から整形外科的とでも呼びたいその全体性の形態へとつぎつぎに現われ──そしてついには自己疎外する同一性という鎧をつけるにいたり、これは精神発達の全体に硬直した構造を押しつけることになる。このように内界から環界へという円環の破壊は自我の内容点検というきりのない計算問題を生じさせる。」［同前：129］。

　ラカンの定義によると、鏡像段階とは、幼児が鏡に映った自分の視覚像（可視的身体）を見るという具体的な経験を通して、将来、「私」となるものの雛型を先取りし、形成する象徴的母体（symbol of matrix）のことだと要約することができる。とはいえ、ラカンの定義は、きわめて難解であることから、次に、この定義の内容を順次、分析していくことにする。

　ところで、鏡像段階の過程は、次の三つの段階に分けられる［熊倉哲雄, 1983：33, 36］。敷衍すると、次のようになる。

16

第一段階（3〜6ヶ月）

：乳幼児は鏡に映る像を実在的なものとして，あるいは少なくとも他者の像と
　して反応する。幼児はこの像に現実の像として反応し，鏡の後ろに隠れてい
　る他人をつかもうとする。

第二段階（6〜12ヶ月）

：乳幼児はこの像に現実の像として反応しなくなる。

第三段階（12〜15ヶ月）

：乳幼児はこの他者の像（鏡像）を自分自身の像として認めるようになる。あ
　るいは，この他者を自分自身と同一化するプロセスが始まる。

　ところで，乳幼児によって鏡像段階という発達課題（自己鏡像認知）が達成さ
れ始めるのは，6〜12カ月の時期（第二段階）である。つまり，いままで実在
そのもの，または自分の分身そのものとしての「others」である「鏡の中の自己」
が「Me」へと変貌するのであり，そのことは，この時期，幼児の鏡像認知のあ
り方が飛躍的な進歩を遂げることを示唆している。

（2）鏡像段階の代償あるいは鏡像段階における「双数＝決闘」関係

　重要なことは，この第二段階で「鏡の前の自己」＝「Ⅰ」が，「鏡の中の自己」
＝「Me」を自己鏡像として認知し，「Ⅰ＝Me」と同一視できる（統合できる）
ポイントが，「Ⅰ」を「もう一人の私＝自分自身の観客」，すなわち「他者」へと
置き換えることができたときだということである。その意味で，私とは，他者に
ほかならない。つまり，「鏡の前の自己」である「いま，ここ，私」が「いま，
そこ，他者」へと媒介されることで，私の視点が他者の視点と重ね合わされるこ
とによって，「鏡の中の自己」（Me）は「もう一人の私（媒介された自己）」から
見られた鏡像と同一視されることになるのである。

　いま述べた，「鏡の前の自己」＝「Ⅰ」が，「鏡の中の自己」＝「Me」を自己
鏡像として認知し，「Ⅰ＝Me」と同一視する乳児に対して，H.ラングは，「なぜ，

幼児は鏡像の前でこれほど著しい喜びを示すのだろうか。むしろ自分自身を知るということからは，喜びとは逆の結果が予想されはしないだろうか。」［Lang, 1973=1983：38］と疑問を投げかけつつ，鏡のゲシュタルト（＝鏡像）が真の自分の姿を隠す仮面なのではないかと述べている。つまり，彼にいわせれば，鏡像を前にしての，幼児のこの我を忘れた有頂天は，「真実すなわち真の『わたし』を覆い隠すことのできる，想像的統一性を備えたイメージが獲得されたために起きるのではないか」［同前：38］ということになる。つまり幼児は，鏡に映るゲシュタルト（全体的な形姿）に自己を重ね合わせ，それと同一視することによって，外受容的側面での統合性を先取りし，そのことをもって自己受容的側面での混乱や無秩序状態，すなわちラカンのいう「ばらばらに寸断された身体像」を解消する方向に自己を確立していこうとするわけである，と。

　総じて，乳児は「ばらばらに寸断された身体像」という「不十分さ」（根源的不調和）に直面することで，「整形外科的とでも呼びたい（呼べる）」「自我という統一体の幻想」──本質的には「理想−自我（je-idéal）」──をもって仮構することになる。そして，（鏡像体験を通して形成される）この「自我という統一体」は，自己自身を隠す仮面（「鏡像＝虚像」）として，根源的苦悩と不調和そのものである自己自身（「本物の自己」）──決して対象化されない非対象的なものであり，ただ直接的に生きられるだけの自己──とすり替えて，安定化をはかるのである。ここで「安定化をはかる」というのは，ラカンのいう「自己疎外する同一性という鎧をつけるにいたる」ということを意味する。そのことはまさに，「鏡像＝虚像（準実像）」を自己そのものと取り違える自己欺瞞の発生段階であるとともに，自己そのものの逃亡過程でもある。つまり，鏡像段階とは，未だ成立していない「私＝自己」を他者（外部）としての鏡の中に一挙に先取りしてしまう「転倒＝倒錯」にほかならない。「私＝自己」は何の根拠もなく，しかも強引なやり方で鏡に映った姿を自己自身の像と同定（認定）してしまうのだ。「内界から環界へという円環の破壊」となる鏡像段階は，転倒という原理上のパラドックスを含むという意味で，「自我の内容点検というきりのない計算問題を生じ

18

させる」ことになるのである。

　こうして，乳児の「私＝Ⅰ」とは，とりあえず，「私」の内受容的側面，すなわちあるがままの「私」もしくは形のない「私」ということができる。あるがままの「私」とは，脳神経が未熟・未発達なまま生まれてきたことによって，自らの身体を統一できない混沌とした，形のないものである。「私」に形がないことは，人間にとって宿命的なことであり，生涯，解決し得ない問題なのである。

　繰り返すと，生まれたばかりの乳児は，脳神経が未熟・未発達なまま生まれてきたことで，「ばらばらに寸断された身体像」しか持ち合わせていない。

　では，「ばらばらに寸断された身体像」しかない「私＝Ⅰ」は，この難局をどのように乗り超えることができるのか。こうした危機的状況を打開してくれる契機こそ，鏡像段階である。

　鏡像段階とは，幼児（人間）が鏡像（虚像）に自己を重ね，それと同一視することで外受容的側面での統合性を先取りし，もって内受容的側面での混乱や不安定性を解消する方向で自己を確立する発達課題である。

　このように述べると，幼児は鏡像段階によって自らの精神発達の危機を逃れることができるようにみえるが，実際はそうではない。形のない「Ⅰ」が形のある「Me」へと逃亡すること，すなわち鏡像段階を完了することには，のっぴきならない代償がともなう。その代償とは，鏡に映った身体が自分だけでなく，自分以外の他者によって所有されてしまうことである。つまり，鏡像段階を通してなされた自己の確立は，他者からのまなざしの対象となることで，鏡に幻惑され，他者のまなざしに晒されるといった負荷・負債を背負うことになるのだ。こうみると，自己は，その成立の端緒からして，鏡（の中）という外部にしか見出されない以上，他者たちと同列にしか存在し得ないことになる。

　繰り返しになるが，自らの存在を「形あるもの」にしようとする私たちは，鏡の中の自己（自分の像）を他者のまなざしにも晒される「見られる自己」として定立せざるを得なくなる。M.メルロ・ポンティが述べるように，鏡による自己疎外は，「さらに〈他人による疎外〉という一層重大なもう一つの疎外

を，私に準備してくれることに」［Merleau-Ponty, 1962=1966：163］なるのである。鏡を使わない限り，私が私自身の顔を見ることができないのに比べて，他者は私以上に私（「見られる自己」）を見ていて，私のことを知っている。したがって，自らの存在を「形あるもの」にしようとする「私＝自己」は，「見られる自己」として他者たちのまなざしに晒され，疎外されてしまうという「自己の逆説」を受け入れざるを得ないのである。

　このようにして手に入れた「私」であるが，つまるところ，「私」は他者なしに存在し得ない，正確には，「私」は他者を媒介にして「私」を手に入れたがゆえに，生涯，他者および他者イメージの複合体に脅かされることになる。社会，ひいては他者を出自とする，「痩せたい」，「賢くなりたい」等々といった表象，および表象操作は，他者を通して自己を確立せざるを得ない私たち人間の宿痾なのである。

　いま述べた，鏡像段階のパラドックスは，ギリシャ神話に登場する美少年ナルキッソスを通して端的に語られている。

　周知のように，ナルキッソスは，泉の水に映った自分の姿に恋をし，水仙に化生したといわれている。このナルキッソスの話は，フロイトの精神分析によって少年のナルシシズム（自己愛）を表すものとして，一般的に理解されている。そして，ナルキッソスは死ぬ瞬間に鏡像の魔術に気づき，水面に映った鏡像を自分自身の姿だと知るのであるが，時すでに遅く，成就しない恋は彼の心身を蝕み，彼を死の世界へ誘ったのである。

　しかしながら，こうしたナルキッソスの悲劇は，その過剰なまでの自己愛のせい，すなわちナルシシズムに潜勢する愛憎，愛と攻撃性に求められがちである。ところが，この本当の悲劇は，自己そのものの成り立ち（宿命）に基因している。つまり，自己そのものとは，決して対象化され得ない「形なきもの」であり，ただ生きられるだけのものであるがゆえに，他者を媒介・経由する，「形をもった」自己の像（鏡像）によっていともたやすく放逐され抹殺され兼ねない危ういものなのだ。水鏡の中に自己を見つけ，それに魅了されればされ

20

るほど，ナルキッソスは，水鏡に映る自己（の像）との隔たりに苛立ち，水面に身を躍らせて死ぬよりほかに道がなかったのである。

　このように，ナルキッソスの悲劇とは，ナルシシズムを主題とする物語というよりも，「形なきもの」としての「私＝自己」が，他者を介して「形あるもの」としての「鏡像＝自己像」へと置き換えられざるを得ないという，人間の宿命を主題とする物語なのである。人間にとって自己というものが，「形あるもの」としては，他者を媒介とする，鏡の中（という外部）にしか存在し得ないからこそ，自己を認知するためには鏡を覗かなければならないのである。

　いま述べたことは，乳児と母親（特定の養育者）の関係にもそのまま当てはまる。

　ラカンは，乳児－母親関係を，鏡像段階における双数（duel）の関係と捉える。ここで「双数（duel）」とは，字義通り，「決闘（duel）」の謂いである。鏡像段階は，自己と他者の双数の関係であるが，それと同時に，決闘の関係でもある。つまり，前述したように，鏡像段階は，「形のない」自己が鏡の中（＝鏡像）という「形あるもの」へ逃亡して自己の安定を計る契機であったが，外部の鏡像は，自分だけの専有物であるどころか，他者からのまなざしの対象にもなるものであった。鏡像をめぐっては，自己も他者も平等なのだ。こうした平等の原理から「鏡像＝自己像」が，自分ではなく，他者のものになってしまうという背理が生じることになる。その結果，鏡像をめぐって自己と他者が奪い合うという「双数＝決闘」の関係が招来するのである。

　いま述べた，母子の「双数＝決闘」関係のことを，浅田彰は，著書『構造と力』の中で，ラカンのいう「『人間モドキ＝オムレツ（Hommelette）』の神話」［浅田彰，1983：141］だと述べている。その神話とは，次のようなものである。

　「人間とは，殻のない半熟卵を二つ割った片割れのようなものである。これは，早すぎる出産によって未完成なまま世界の只中に放り出された幼児，十全な存在（être）ではなく，存在欠如（manque-à-être）というべき幼児の状況

21

を，見事に表わしたフィギュールである。さて，欠如に耐えかねた各々の片割れは，喪われた半身と再び合一することにより，直接的な仕方で全体性を回復しようとするが，両者が激しく抱き合おうとしたとき生ずるのは，白身や黄身がグシャグシャにつぶされてしまうという惨劇でしかない。不可能な全体性を求めるナルシス同士としての母子が，狂おしく互いを求め合うとき，それが互いを傷つけ合うことと同義であったとしても，何の不思議もないのである。」[同前]なお，浅田はラカンのいう「人間モドキ＝オムレツの神話」をドルトの「相互的ナルシス（co-narcissique）」状況，すなわち「自らを《主》，相手を《奴》と化そうとして，あくなき闘争を繰り広げ，そして，勝ったと思った瞬間，自らの全体性が相手に騙収されていることを見出す」[同前：140-141]こと，それとアナロジカルに「子供の精神病が，子供の《個》の病であるより，母子の《対》の病であることが多いという知見」[同前：141]に依拠している。

　以上述べた，ナルシシズムおよびナルシス同士の「双数＝決闘」関係は，フロイトの原初的な愛憎関係を示したものであるが，精神分析を専門としない筆者からすると，それは，愛憎関係よりも，想像界における，鏡像をめぐる自己と他者の決闘であると考えられる。いずれにせよ，発達初期，特に想像界においては，鏡像（ナルシスの場合）および鏡像としての他者（母子関係の場合）をめぐってイマジナリーな決闘が展開されているのである。

　ここまでラカンに沿って鏡像段階を捉えてきたが，実は，発達心理学者，ワロンは，鏡像段階についてラカンとは異なる解釈をしている［Wallon, 1949=1970：190-208］。ワロンの場合，鏡像段階は，誕生6ヶ月以降から2歳すぎまで続くという（ラカンをはじめ，一般的には，6ヶ月から 18 ヶ月までとされている[註釈(2)]）。より重要なことは，鏡像段階が始まる6ヶ月以降にまず，幼児は鏡に映った他者の身体像に興味や反応を示すのに対して，自分の鏡像への興味や反応が2ヶ月遅れることと，鏡像段階の完了・習得を示す「他者の鏡像＝自己の身体像」という認識をクリアするために，自己の二重化を習得しなければならないということである。つまり，乳幼児にとって他者の鏡像を認知することは，それほど難

22

しい課題ではない。というのも，乳幼児の視点から他者の「鏡像＝身体像」は，視覚的かつ現実的に対面できるからである。それに対して，自己の「鏡像＝身体像」を認知するためには，見ている自己と見られている自己を二つに分裂させなければならない。つまり，ワロン研究者，玉田勝郎が指摘するように「幼児は，いまここに自分を自己感覚的・触覚的に感じている実際的・レアールな空間だけでなく，〈像〉の理念的・イレアールな空間におのれを定立しうること——すなわち自己の二重化——を学びとらねばらない。ここでいう自己の二重化＝理念的空間の了解とは，他人（第三者）のまなざしによって自己をながめるということにほかならない」［玉田勝郎，1989：97］。

　実際，ワロンは幼児が自己の鏡像に対する興味や反応の変遷を五段階に区分しているが，その変遷過程は，ラカンやそれを一般化した鏡像段階の過程よりもはるかに複雑かつ長い迂回を要するのである。とはいえ，鏡像段階の最終段階において他者の鏡像の中に自己の身体像を見出すという結末は同じである。根本的に異なるのは，ラカンが，他者の鏡像へと自己逃亡を図ることに重点を置く，したがって代償をともなうものと捉えるのに対して，ワロンは，他者の鏡像を自己の身体像と認知するために，他者（第三者）からの視点もしくは自己の二重化といった発達に重点を置く，したがって自己の向上をともなうものと捉える，という点である（要は，鏡像段階をネガティヴに捉えるか，それとも，ポジティヴに捉えるかの違いに帰着する）。筆者は，鏡像段階には大きな代償をともなうと考えている。その根拠は，絶対的他者を発見したり，自己の身体像を見出したりするために，3年もの長い年月を必要とすることと，他者の身体像を自己だと嘯くために，将来的に自己が他者によって影響されること，にある。

　とはいえ，ただ救いであるのは——まったく不思議なことであるが——，私たちの大半は，鏡に幻惑され，他者のまなざしに晒されながらも，他者の身体像を持って「私は私である」と嘯き，一生を何とかやり過ごすことができるということである。こうした自己欺瞞に満ちた自己の確立，すなわち私が私であることの偽の存在証明は，人間の存在論的宿命もしくは生の戦略と呼ぶしかない。

さらに，厄介なのは，幼児が鏡像段階，ひいては他者の身体を通して手に入れた身体像が，自己以外の他者や社会（他者の集合体）によって所有されることに加えて——この問題は前述したように，生の戦略によって解決可能にみえるが——，それが可視的身体であることからわかるように，目で見て，捉えた（捕捉した）虚像にすぎないということである。つまり，鏡像段階を通して確立した自己は，視覚的なものに極力，限定されるのである。もっといえば，この場合の自己は，「ばらばらに寸断された身体像」を視覚的に統合するものにすぎないのだ。裏を返せば，この場合の自己は，本質的な意味において自らの身体（肉体）全体を所有していない。

　ただ急いで付け加えると，視覚的なレベルでの身体像の統合に限定されるとはいえ，生後6ヶ月から 18 ヶ月といった発達初期における精神的な危機，ひいては自己存在の危機を回避するという意味では，鏡像段階の意義は計りしれない（ここで述べた，視覚的レベルでの身体像の統合については，後述する頭足類身体との関係で重要になってくる）。

（3）頭足類画の正体

　以上のように，鏡像段階の理路を中心に，幼児の精神発達の過程，特に自己形成の過程をみてきた。それを手がかりに，なぜ幼児が頭足類画を描くのかについて一定の結論を述べることができる（できる限り，重複を避けて論述する）。

　ここに到って，頭足類画は，鏡像段階の前後にみられた幼児の，二つの自己の様態，すなわち「I＝I」と「I＝ Me」を一つの描画（自画像）として結実させたものだと考えられる。

　まず，鏡像段階を十全に成し遂げるまでの幼児の自己は，「I＝I」と示すことができるが，それは，鏡の前の「ここ」で自己自身を内感するだけの内受容的身体（自己受容的身体）にすぎず，未だ鏡の中の「そこ」に実在する外受容的身体は存在していなかった。つまり，この発達画期の「I」とは，IとしてのIというしかないものである。言語学的には，一人称としての「私」さえ未だ成立し

24

ていない。敢えて表現するならば，「Ｉ」は，内受容的に内側から直接生きられるものだといえる。発達初期の幼児は，対象像にならない外部性として，あるいは対象像へ距離をとれない渦中性として，直接生きられている次元（内在の超越）にある。この，リアルに稼働する自己存在は，未だ自己像ではなく，認識主観からすると，からっぽ（∅）である。

　すでに述べたように，この場合の「Ｉ＝Ｉ」とは，幼児からすると，未だ何物でもなく，形のない〈nobody〉としての自己そのものを保持し迎接していることになる。ここで，自己が〈nobody〉としての自己存在を保持し迎接する様態こそ，一般に「幼年性」，または「童心」［Rilke, 1904-1910=1973］といわれるものである。「あるがままの自分」が存在するとすれば，この「Ｉ＝Ｉ」をおいて他にはないであろう。ラカンが象徴界（言語世界）への参入と同時に見出した現実界もまた，すでに失われたこの，純粋な自己に近い。

　これに対して，鏡像段階の後で形成された自己は，いうまでもなく，「Ｉ＝Me」であり，視覚的レベルという限定つきでありながらも，形のない自己が形のある他者の身体像へと自己逃亡を図ることで可視的身体を獲得したものである。この場合の「Me」が「形あるもの」として「見られる身体（自己）」であり，他者からのまなざしに晒されざるを得ない「もう一人の私」であるにせよ，そして，他者から見られることで疎外を被るにせよ，「ばらばらに寸断された身体像」を統合することによって，安定を図るものであった。

　以上のことから，３歳未満（主に２歳）の幼児が描く自画像としての頭足類画とは，〈nobody〉＆〈nothing〉――「無人」および「空（無）」――から，〈somebody〉＆〈something〉――「有人」および「モノ（有）」――への実存様式の変態，すなわち劇的な体質変化のあいだで生み出された所産であることがわかる。つまりそれは，〈no-body ＝ nobody〉としての自己存在を保持する自己迎接と，鏡の中の自己（可視的身体）を〈some-body ＝ somebody〉として自己そのものと取り違える自己欺瞞のあいだで揺れ動く精神の妥協の所産だということになる。平たくいうと，幼児の中では，「形なきもの」を「形なきもの（no-body）」として，

25

なおかつ，「形なきもの」としての自己を「何者でもないもの（nobody）」として保持していこうとする自己迎接と，発達の途上で「形なきもの（no-body）」を何とかして「形あるもの（some-body）」として，なおかつ，「形あるもの」としての自己を「何者か（somebody）」として，すなわち人物画らしき描写（人物像）として描いていこうとする自己欺瞞との激しい鬩ぎ合いがなされていると考えられる。以上述べたことを論理的に示すと，図Ⅰ－1（次ページ）のようになる。

　図Ⅰ－1が示すように，3歳までの幼児が描く頭足類画とは，鏡像段階における自己形成の理路に反して，自己そのものを未だ，イマーゴ，すなわち虚像の自己へと完全に回収し尽くすことのできない状態で描かれた自画像ではないかと考えられる。言い換えると，鏡像段階とは，ラングが考察するように，可視的身体としての鏡像（虚像＝Me）を，根源的な苦悩と不調和にほかならぬ自己自身（＝Ⅰ）へと平然とすり替え，安定化をはかる自己逃亡のための装置なのである。

Ⅰ＝Ⅰ	鏡像段階の理路　→	Ⅰ＝Me
（Ⅰ≠Me）	⇔	
自己迎接	鬩ぎ合い	自己欺瞞
《no-body》		《some-body》
（身体を持たない・胴体なし）	頭足類画	（身体を持つ・胴体あり）
‖		‖
自己⇄身体	※Ⅰ＝自己受容的身体（無形）	自己／身体
［乖離］	Me＝外受容的身体（有形）	［統合］

図Ⅰ－1　幼児の自画像（自己像）としての頭足類画

　こうして，頭足類画は，〈no-body〉（「胴体なし」）という身体像および〈nobody〉

（「誰でもない者」）という自己像を領有する３歳児の自画像であり，この発達画期特有の実存様式が発現したものと捉えられる。ところが，こうしたユニークな頭足類画は，幼児が鏡像段階という発達課題を成し遂げるにつれて，ありきたりの人物画に変容していく。それでは，頭足類画から人物画への変容は，一体何を意味するのであろうか。考えられることは，このあいだに幼児の中で「身体像＝自己像」が劇的に変化したのではないかということである。ここで「劇的に変化した」というのは，前述した発達心理学の知見が示す部分的な変化ではなく，そうした変化を含めつつも，トータルにみて幼児の実存様式そのものが一変したということを意味する。昆虫の変態（メタモルフォーズ）で譬えると，卵から幼虫，幼虫から蛹，蛹から成虫になるときにその都度起こる劇的な体質変化であり，古い体質を解体して新たな体質を形成していくような，自分で自分を作り変える自己組織的な営みとしての変化のことである。言い換えると，一般的に記述される発達心理学的な知見は，こうした体質変化の一つの断片にすぎない。

３．頭足類的イメージとスキゾイド

ところで，３歳未満（主に２歳）の幼児は，頭足類画を描く，あるいは頭足類的イメージを抱くが，こうしたイメージを抱くのは，実は乳幼児だけではない。スキゾイドと呼ばれる分裂病質を有する者，すなわち人格障害もしくは精神的パーソナリティ障害を持つ人もまた，頭足類的イメージを抱くのである。スキゾイドは，乳幼児の精神発達状態へと回帰する精神疾患だといわれている。本書でいうスキゾイドとは何かを明確にすると，それは，E.クレッチマーによるスキゾイドの解釈に基づく。彼は，著書『体格と性格』の中で，スキゾイド（分裂病質）を，正常レベルの分裂気質と精神病レベルの精神分裂病（統合失調症に改称）との中間，すなわち人格障害レベルに位置づけた［Kretschmer, 1921=1968］。つまり彼は，分裂気質→分裂病質→分裂病（現・統合失調症）というように，正常から異常へのグラデーションを設けた。また，分裂病質は，1994 年にアメリカ

27

精神医学会が発行した DMS-Ⅳ-Tr（『精神疾患の分類と診断の手引き』）でも人格障害に分類されている。スキゾイドの特徴は，社会的にも孤立しており，感情の表出が乏しく，他人との接触を避けたり物事に無関心であったりすることにある。本書では，分裂病質が分裂病（現・統合失調症）とは異なるため，そのまま用語を使用することにした（ただし，誤解を避けるために分裂病質を「スキゾイド」という用語に統一した）。ただ，複雑なことに，レインの著書の改訳版［Laing, 1961=2017］では，スキゾイドが「統合失調症」と訳されているが，筆者の見解ではその和訳は適切でないと考える。筆者は，後述するように，スキゾイド（分裂病質もしくは人格障害・精神パーソナリティ障害）が増悪すると，統合失調症になると捉えている。

　レインは，スキゾイドが抱く頭足類的イメージを鏡像段階で述べた I と Me という二つの対概念を駆使することで，その精神発達状態を明らかにしている。そのことは，レイン自らが描く図として示されている。

（1）まなざしの相克とスキゾイド

　一般に，私たちは他者を見ると同時に，他者に見られる存在である。私たちが他者を能動的に見るのは，他者から見られることにおいて成立しているのである。こうした「見る－見られる」，すなわち「能動－受動」の相互性こそ，まなざしの力学である。

　ところで，Ⅰ章で述べたように，自らの存在を「形あるもの」にしようとする私たちは，鏡の中の自己（自分の像）を他者のまなざしにも晒される「見られる自己」として定立せざるを得なかった。私たちにとって自己は他者たちと同列に置かれてしまうのだ。否それどころか，私たちは他者から見られること，すなわち他者のまなざしを通して自己存在そのものを奪われ，他有化されてしまうかもしれないのだ。このような他者のまなざしとは，睥睨した人間を「石化」^{註釈（3）}してしまう，ギリシャ神話のメドゥサに譬えることができる。

　こうして，私たちの自己は，相手を石化させようとする，他者のまなざしの相

剋の渦中において絶えず自己崩壊の危険に晒されているような，本質的な危うさを持った存在であることがわかる。だからこそ，こうした存在論的な危うさを抱え込んだ私たちの自己は，その極限状況の中でさまざまな心身的な病や狂気を発現するのである。本来，自己とは，他者との相剋的なかかわりの中で存在しているのが常態であることから考えて，心身的な病や狂気と正気の差異は，程度の違いにすぎないことになる。むしろ心身的な病や狂気の中にこそ，極限的な形であるにせよ，本質的な危うさを抱え込んだ私たちの自己のあり方が剥き出しで立ち現われてくるのではないかと思われる。というのも，心身的な病や狂気に陥った人たち，特にスキゾイドは，「私は私である」と平然と嘯くことができない類いのものたちだからである。

（2）スキゾイドの生の戦略

ところで，精神科医のレインは，スキゾイドの患者が，他者とのまなざしの相剋の中で自己崩壊の危機に陥りながらも，そこから何とか自己自身を救い出そうとして，自分なりの実存様式を選択していった様子を克明に描写している。事例は，スキゾイドであるピーターが選択した自己救済の方法を，彼自身の有する「身体像＝自己像」に焦点化しつつみていくことにする［Laing，1961=1975：174-182］。

レインによると，ピーターが見られることにこだわったのは，自己自身は何者でもない（nobody）――身体を持たない（no-body）――といった，ピーターの根底にある感情から自己を取りもどすための試みだったからである。ところが，ピーターはこの特異な不安（存在論的な不安）に自己を適応させるもう一つの方法を発見した。ただ，その方法には利点と問題点が併存している。彼が他者と父わりながら自分自身であり得るのは，他者が彼のことを何も知らない場合に限る，と彼は考えたのである。

身体は明らかに，私と世界の中間の両義的な移行的位置を占めている。一方でそれは，私の世界の核心であり中心である。また他方で身体は，他者の世界の客

体である。ピーターは，他の誰かから知覚されるもので彼に所属しているものなら何でも，自己から離断しようとした。ピーターは，世間の要請に応じて形成されてきたものでありながらも，内的自己から離断しようとしているところの態度・野心・行動等の布置全体を彼は否認しようと努力した。

　そのことに加えて彼は，自分の存在全体を非存在なものへと還元しようと企て始めた。彼はできるだけ組織的に無になることにとりかかった。「自分は何者でもない，自分は無である。」という確信のもとに，彼は誠実でありたいという恐ろしい観念によって，無であるように駆り立てられた。何者でもないのなら，何者でもないものにならなければならない，と彼は考えた。無名（アノニマス）であることは，魔術的にこの確信を事実に変える一つの方法であった。

　彼は，自分が何者でもなくあることを自らにもっと容易に信じさせる条件をつくり出した。彼が身体において，あるいは身体を通して生きないことにより，何者でもなくあろうとして以来，彼の身体は，いわば死せるものとなったのである。

　ピーターを典型的な事例とするスキゾイドの描写の中でまず注目されることは，存在論的な不安に自己適応させるために発見した方法には，利点と問題点が同居しているということである。まずその利点とは，その方法によって彼は，他者から見られること，すなわちメドゥサとでも呼ぶべき他者のまなざしから自分自身を防御することができるという点である。

　これに対して，その問題点とは，そのことの代償として彼は，他者から知覚されるもので彼に所属するものなら何でも，自己から離断しなければならないという点である。ここで内的自己から離断しなければならないものとは，彼が抱いている態度・野心・行動等だけではなく，自らの存在全体なのである。

　そのことだけをみても，ピーターの自己救済の方法は，問題点が利点をはるかに上回っていることがわかる。その証左は，彼の次の言葉に言い尽されている。「私はいわば死んだも同然であった。私は自分自身を他の人々から切り離して，自分自身の中に閉じこもるようになった。あなたもこうすれば，いわば死んだようになることうけあいだ。あなたは世界の中で他の人々とともに生きなければな

らない。そうしなかったら，何かが内部で死ぬ。それはおろかに思える。私はそのことが本当にはわからなかったが，それに似たことが起こったようだ。奇妙なことである。」[同前：182]，と。

　それでは，ピーターの自己救済の方法とは，どのような論理に基づくのか。その論理を解明していく上でレインの主要概念群とそれを表した図Ⅰ－２［同前：106］が手がかりになる。

　まず，図Ⅰ－２に示されるように，私たちごく普通の人々は，身体と統合された自己──「身体化された自己（emboded　self）」──を介して，実在の事物や他者と有機的，有意味的に相互にかかわり合っている。私たちからみて，他者とのかかわりによって生み出される知覚世界はすべて，「現実的」であり，他者にかかわる自己そのものはリアリティを持っている。「世界ならびに自己の実在性は自己と他者とのあいだの直接的関係によってたがいに強化される。」[同前：107] さまざまな葛藤を孕みつつも，両者は好循環のうちにある。

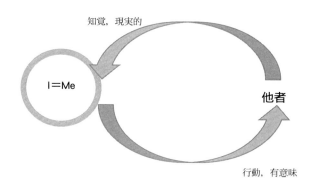

※Ｉ＝Me：身体化された自己

図Ⅰ－２　２つの自己と他者関係（普通の人たち）

ところが，他者のまなざしに翻弄されるスキゾイドは，「自己－他者」関係の
そうした好循環が成り立たず，まったく反対に，図Ⅰ－3（33ページ）に示され
るような，悪循環に陥ってしまう（対人関係の病とは，あくまでも自己と他者の
「あいだ」のそれなのである）。

　こうした悪循環の構造について述べると，まずスキゾイド（ピーター）は，他
者が自己の中へと侵入してきたり，他者のまなざしが自己を石化したりするので
はないか，といった存在論的不安のために，そのことから必死に自己を守ろうと
して自己を隠蔽する仮面（ペルソナ）を作り出してしまう。この仮面こそ「にせ
の自己（false-self）」なのである。

　図Ⅰ－3にもあるように，彼から見て他者とのかかわりによって生み出される
知覚世界はすべて，「非現実的」であるだけでなく，他者にかかわる自己そのも
のがまやかしにすぎない。だからこそ，「にせの自己」の核心であり他者に触れ
るところの接点——〈私〉と世界との中間の両義的な移行的位置——となる身体
（汚れた私自身）は，まるでトカゲの尻尾切りのように，彼自身によって切り離
されていくことになる。

　ここまでが「他者と交わりながら自分自身でありうるのは，彼らが彼（自分）
のことを何も知らない場合にかぎる」とピーターが述べたことの真意である。ペ
ルソナとしての「にせの自己」を作り出すことで自己防御を行い，他者と触れる
接点としての身体を切断することがピーターのいう自己防衛策の利点なのであ
る。

（3）真の自己と純粋意識への逃亡——頭足類身体への退行

　それでは，こうした利点によって他者の脅威を免れた「自己」は，一体どこに
行ったのであろうか。そのことはもはや明白である。つまり，「身体化されたに
せの自己（emboded false-self）」を切り離した「自己」は，自己の内面もしくは
内奥へと向かって行ったのである。それはまさに「内的自己」，もっといえば「身
体を持たない」もしくは「身体を欠落させた」，「純粋意識」（＝あるがままの私）

と呼ぶのがふさわしい。レインの概念でいうと,「身体化されない自己（unembodied self）」［同前：83］である。

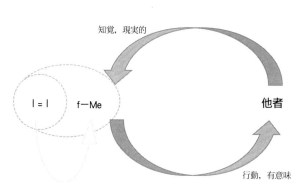

知覚, 現実的

Ⅰ＝Ⅰ　f－Me　　　　　　　　　　　　他者

切断（トカゲの尻尾切り）

行動, 有意味

※Ⅰ＝Ⅰ（Ⅰ＝Ⅰ）：「内的」自己

f－Me（false-Me）：身体化された「にせ」自己

図Ⅰ－3　2つの自己と他者関係（スキゾイド）

　一般に,内面へと向かう自己といえば,すでに述べたように,何かに思考や意識を集中させたり沈潜させたりすることを指すが,この場合のそれは,あくまでも他者からどこまでも逃れようとして,自ら純粋意識と化し,自分だけの内面世界に閉じこもってしまうものでしかない。それはまさに自己の,内面または内奥への逃避行なのである。その結末がピーターの症例に示されるように,自己存在そのものの非身体化（非存在化＝無化）であり,自ら何者でもない「無人（nobody）」になること,または「無名であること」である。

　しかしそれでも,ピーターの場合,身体を死せるものとする代わりに,「無人」として生きることができるようになったとも受け取ることができる。一般的にいうと,このスキゾイドは,自分の内面だけを死守するために,他者とのかかわりや（それを介した）世界とのつながりを一切断ち,純粋意識へと自己逃亡を計る

33

ことによって，万事うまく行ったようにみえる。

　しかし，本当にそうなのであろうか。この点については前述したように，ピーター自身，自分自身の中に閉じこもるようになることが死んだようになることうけあいであるとか，他の人々とともに生きなければ，何かが内部で死ぬという主旨のことを証言している。ただ，その明確な答えは他の症例（たとえば，ディビット）の中に示されている。

　結論だけを述べておくと，「にせの自己」を切り捨てることまでして死守しようとした「内的自己」とは，非現実的な想像力によって作り出されたものであるため，その内実がまったく空虚なものであり，したがってそれは切り捨てたはずの「にせの自己」によって取って代られてしまうしかない。しかも，「にせの自己」は，自己から切り離されたものという性格からみても，それはまったく実体を持たないものである。そのためそれは，他者によって容易に操作されてしまうものとなり，結局，スキゾイドの「内的自己」は，他者の思い通りになってしまうのである。このとき，スキゾイドに残されたものといえば，ただ自己の解体のプロセスのみであろう。それはすなわち，分裂病質（スキゾイド）から精神病としての統合失調症へと到る道である。

　さらに，こうしたスキゾイドの自己認知の特徴として瞠目すべきことは，この人たちが共通に持つ身体像である。この点について　W.ゴーマンは，次のような興味深い見解を述べている。「胴体がなく手足が頭部領域から出ている絵は四歳以下の子供たちに共通してみられるが，しかし成人がそのような絵を描く場合には，きわめて顕著な幼児的退行を伴う精神病の指標として受け取られる。」［Gorman，1969=1981：166］，と。

　たとえば，その具体的な事例として，中世の画家，H.ボッシュが描く奇怪な頭足類的な絵画が見出される（＜最後の審判＞）。ボッシュの図版以外にも，人類の美術史上に出没する頭足類的イメージが存在する。有名なところでは，M.エンデ著『はてしない物語』第十九章には，野草を常食とし，定住の地を持たず，細長い二本の足の上に頭がのっかっているだけで，胴も腕もない頭足族なる種族が

34

登場する。無人に関する民話的考証［楜沢厚生，1989］は少なくない。こうした人物描画を作り出す成人とは，恐らく，自分のボディが自分のものとして感じられないで，一個の十全な自己意識が形成されていないか，あるいは解体して退行現象を起こすかして，無人称または原人称の段階，いわゆる〈nobody〉（誰でもない者）の段階にいるものと考えられる。その段階に留まることは，頭足類的イメージの発生につながっていることはいうまでもない。

　こうして，スキゾイドの自己は，「見る－見られる」といった，いわゆる他者からのまなざしから「真の自己」を守るために，「にせの自己」をトカゲの尻尾切りのように捨て去り，「真の自己」を内奥へと逃亡させ，純粋な意識と化すことの結果，図Ⅰ－3で示したように，「身体化されない自己」（「胴体なし（no-body）」）は頭足類的イメージを生み出した。スキゾイドが自己救済の手段として選択した頭足類的イメージは，3歳未満の幼児の状態への回帰であり，精神病理学でいうところの「退行」に相当する。しかも，スキゾイドの狂気は，3歳未満の自他未分化の状態での「気」の狂いであるからこそ，スキゾイドはテリトリー（縄張り）意識が不分明であるため，他者と諍いを起こすことになるのである。スキゾイドや統合失調症の病者にとって自分自身のテリトリーの中へ他者が侵入することは，自らの存在を脅かすように感じられるが，その理由は，この精神疾患が3歳未満の幼児のように，自他未分化の状態において起こるからなのだ。したがって，スキゾイドおよび統合失調症は，文字通り，対人関係の病として発現するのである。

4．統合失調症の頭足類身体と否定妄想

　次に，統合失調症に顕著な妄想，特に否定妄想が3歳未満の幼児とどれほど類似しているかについて事例を挙げて述べることにする［笠原嘉・須藤浩，1976：193-213］。繰り返し強調すると，統合失調症は，3歳未満の幼児における自他未分の状態での対人関係の病なのである。

巨大観念。

　私は超人です。何でもできます。このコンクリートの壁もガラス窓も通り抜けることができます。自分が大きくなって万物の中に入ってしまって万物と区別がつかない。自分がひろがって宇宙が自分です。自分の苦しみは宇宙の苦しみです。宇宙というと限りがあるみたいに聞こえるかもしれませんが，自分は限りなく大きいのです。そして人間の苦しみを全部自分が引受けてしまって，人々がすっかり苦しみから解放されている。また人間だけの苦しみでなく，万物共通の苦しみを背負っているんです。［同前：202］

　否定観念。

　高校三年生の夏から性別もなくなりました。体はありません。内臓もありません。体がないから物に触れるということがないんです。親もありません。家もありません。言葉がないので誰とも通じません。名前をよばれても自分がないので返事ができません。感情がありません。見るとか聞くとか判るということがないのです。私には何々している状態というものがありません。時間とか距離もありません。有るということがそもそもないのです。［同前：200］

　憑依観念。

　高一の頃から自分自身の存在がはっきりしなくなり，自分ではない力が自分をしゃべらせたり動かしたりした。自分の行動一つ一つが動かされて嫌だった。［同前：202-203］

　このように，3歳未満の幼児へと回帰する統合失調症の病者は，巨大観念，否定観念，憑依観念といった妄想世界を生きられることになる。三つのタイプに共通しているのは，自己と他者／世界の境界が溶けてしまい，いわゆる液状化してしまうことである。ただ，自己の境界の液状化，もっといえば，病的な自他未分化の状態がどのように起こるかによって，二次的にこれら三つのタイプに分かれることになる。

　こうした三つの妄想は，頭足類身体の原論理，すなわち「私は私でありながら，

36

私は私ではない。私は他の何かになる。もっというと，私は何にでもなる。」の
どの部分を強調するかによって説明することができる。つまり，巨大観念であれ
ば，私が宇宙にまで肥大化することになり（＝「私は何にでもなる」），否定観念
では私がすべてなくなってしまうことになり（＝「私は私ではない」），憑依観念
では私が何ものかによって操られることになる（＝「私は他の何かになる」）。憑
依観念については説明を要する。憑依は私が何かに憑かれる状態を指すが，この
場合，私は私であって，私ではない，すなわち他者（何ものか）であり，その何
ものかが私に言動を起こさせることになる。その意味では，私は他の何ものか，
実は，私から分離したもう一人の私によって突き動かされるわけである。

　これら三つのタイプのうち，典型的な妄想は，否定観念（否定妄想）である。
前述した否定観念の述懐からわかるように，私に関する属性が次々と消失してい
き，最後には自分の存在自体もなくなってしまう。東久部良がいみじくも述べる
ように，「論理における否定概念と身体の実質的否定の間には相関関係が存在す
る。」［東久部良信政，1978：89］のだ。とりわけ，「否定の概念の出現と身体と
の相関が深化されたもの」［同前：49］こそ，統合失調症におけるこの否定妄想
なのである。そして否定妄想は，「生きているのに，死んでいる」と思い込む「コ
タール症候群」へと行き着くのではなかろうか。コタール症候群の場合，その当
人は墓場に行けば安心するといわれている。本人はすでにゾンビと化している。
その様相はまるで，昆虫の動きが鈍くなった寒い時期（冬），昆虫に寄生して栄
養分を吸収し尽くし，暖かくなってから芽を出す冬虫夏草のようである。

　以上述べたように，3歳未満の幼児へと病的に回帰する病は，統合失調症であ
り，その典型的な症状が，自己の境界の液状化，滑り落ち，メルトダウンであり，
自己の世界／他者への流出であり，究極的には，自分の存在の否定であると考え
られる。

5．頭足類身体の類型

これまで述べてきたことを踏まえつつ，レインの図を応用することで総括した
ものが，図Ⅰ－4～7である（四つのタイプを相互に比較するために，前出の図
Ⅰ－2と図Ⅰ－3を再掲した）。普通の人たちは図Ⅰ－4（前出の図Ⅰ－2），3
歳未満の乳幼児は図Ⅰ－5，統合失調症質（スキゾイド）は図Ⅰ－6（前出の図
Ⅰ－3），統合失調症の病者は図Ⅰ－7，というように，各々表すことができる
（図Ⅰ－5～7は次ページ以降）。なお，統合失調症の病者の心像を示す図Ⅰ－
7については，当事者の心の内を表す「否定妄想の事例」（二つの事例のうち，
一つは前出）［笠原嘉・須藤敏浩，1976］を併記した。事例からわかるように，
彼らは自らの身体を誰かによって支配・統制されていると妄想しており，そうし
た支配・統制される自己から解放されるために，身体を麻痺させることを選択し
ているのだ（一見，単なる症状にしかみえない，彼らの生の戦略を理解する上で，
この点はいたって重要である）。それに引き換え，図Ⅰ－7の統合失調症質（ス
キゾイド）は他者とかかわる自己を偽の自己とみなし，それを切断しようとする。

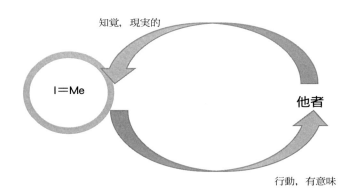

※Ⅰ＝Me：身体化された自己

図Ⅰ－4　二つの自己と他者関係：普通の人たち

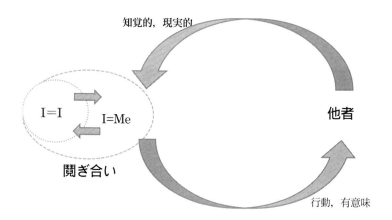

図Ⅰ－5　二つの自己と他者関係：3歳未満の乳幼児

〈頭足類画あるいは頭足類的心像（イメージ）〉

※Ⅰ＝Me とⅠ＝Ⅰの鬩ぎ合いの中で制作される頭足類画

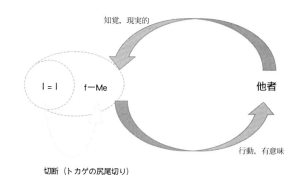

※Ⅰ＝Ⅰ（Ⅰ＝Ⅰ）：「内的」自己

f －Me（false-Me）：身体化された「にせ」自己

図Ⅰ－6　二つの自己と他者関係：統合失調症質（スキゾイド）

〈頭足類的心像（イメージ）〉

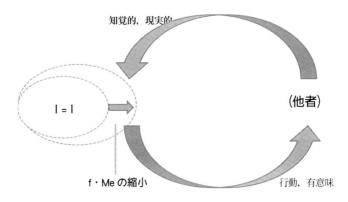

知覚的，現実的

I = I

〈他者〉

f・Me の縮小

行動，有意味

＊f−Me（false-Me）：身体化された「にせ」自己

図Ⅰ−7　二つの自己と他者関係：統合失調症の病者（特に，否定妄想）
※ f − Me の縮小とⅠ＝Ⅰの拡大

※否定妄想の二つの事例

①「否定観念。高校三年生の夏から性別もなくなりました。体はありません。内臓もありません。体がないから物に触れると言うことがないんです。親もありません。家もありません。言葉がないので誰とも通じません。名前をよばれても自分がないので返事ができません。感情がありません。見るとか聞くとか判ると言うことがないのです。私には何々している状態というものがありません。時間とか距離もありません。有ると言うことがそもそもないのです。」

（否定妄想による支配・統御される自己自身の喪失）

②左上肢麻痺（手の異変）を有する人の否定妄想

「左手を動かさないように私がしたのです。……万物によって動かされたり入りこまされたりしていた自分が，こうすることによって少なくとも左手だけは動かされることのない自分になったのです。こうしておけば，自分が自分の身体を超え出て大きくなって万物の中へ入り込み，自分と万物との区別がつかなくなり，

自分の苦しみが万物の苦しみになったり，自分が動いているのか，まわりが動いているのか，動かしているのか，動かされているのかわからないあの状態から自由でおれます。」（否定妄想による絶対的な自由の獲得）

Ⅱ. 頭足類身体の原論理

　Ⅰ章では主に，頭足類画の解釈およびレインのⅠとMeの弁証法を通して，3歳未満の幼児，スキゾイド，統合失調症の精神（発達）状態を分析・考察してきたが，本章では一転して，頭足類画や頭足類的イメージを持つ「主体」を「頭足類身体」として捉え，それを分析・考察する。その唯一の手がかりは，東久部良の「私性の論理学」およびその基準となる「原論理」である。私性の論理学は，アリストテレス以来の形式論理とは異なり，排中律を侵犯するものである。しかもそれは，肯定と否定が同時に成り立つ論理をアルゴリズムのように，自動的に生成する。私性の論理学は，原理上，「非日常私性」→「未日常私性」→「……」と無際限に続く。人類初期の思想家，パルメニデスが唱えた論理（原論理）は，非日常私性，すなわち「P∧～P：絶対真」である。実は，3歳未満の乳幼児の生きられる頭足類身体の原論理は，パルメニデスと同様の，「P∧～P：絶対真」であるが，この一致は，系統発生と個体発生における原初的思考・論理の同型性を示唆している。本章では，パルメニデスの原論理に始まり，3歳未満の乳幼児の生きられる頭足類身体の原論理，そして著名な詩人の原論理というように，三者に共通する，非日常私性「P∧～P」の機序について詳述する。

1. 私性の論理学
——日常私性・非日常私性・未日常私性

　東久部良は，頭足類の人間学に沿って，「私性の論理学」の基準となる「原論理」を提示している。この場合の「私性」とは，「『私』の個体発生史的様態」[東久部良信政，1978：7]を意味する。要は，私が私として生成（発生）してくるその都度の様相の謂いである。この「私性」という言葉が理解しづらいと感じる

のは，私たちが「私」を実体的なものとして固定的に考えてしまうからである。また，ここで「原論理」とは，アリストテレスの論理学以前の論理，すなわち形式論理学が生成してくるところの原基としての論理（「『原』論理」）のことを意味する。

　あらかじめ述べると，東久部良が展開する私性の論理学は，頭足類身体の原論理を基準に据えたものであり，通常のものではないため，捉えにくい。そこで本書では，頭足類身体の原論理を基準に据えながらも，日常の形式論理（日常私性）からそれ以前の原論理（非日常私性），さらには，その基底の原論理以前の未日常私性（未生世界）へと遡及していくことにする（こうした論の進め方をとる関係で，東久部良の番号表記を変更した）。

　ところで，私たちにとって最も馴染みやすいのは，次の命題である。

> 「私は私であり，私は私でないことはない。」

　これは，形式論理学でいうところの，同一律，排中律，矛盾律に準じたものである。私性の論理からすると，「P（私は私である）」＝「真」であると同時に，「〜P（私は私でない）」＝「偽」である。しかも，「P＝真」および「〜P＝偽」という論理は，日常世界において恒常的に成り立つことから，「日常私性」［同前：51］と名づけられる。「日常私性」はアリストテレス以降の形式論理学に準拠するものである。

　集約すると，次のように示される（ただし，ここでいう「I型」の「I」は基準ではなく，表記上の番号にすぎない）［同前］。

> Ⅰ型：日常私性　　　P＝真
> 　　　　　　　　　　〜P＝偽

私性の論理学を「かつ」を示す「∧」という記号と，「否定」を示す「¬」を用

44

いて機械的に展開すると，Ⅰ型の日常私性は，次のⅡ型になる［同前：52-53］。

Ⅱ型：非日常私性　　　P∧〜P　　　真（絶対真）

　　　　　　　　　¬（P∧〜P）　　偽（絶対偽）

　東久部良は，私性の論理学を展開するにあたって，このⅡ型が原論理の基準であることからⅡ型を（基準を示す）「Ⅰ型」としているが，煩雑さを避けるために，本書では「Ⅱ型」と記述する。このように，定式化された私性の論理こそ，前節で示した頭足類身体の原論理にほかならない。

　「私は私でありながら（P），私は私ではない（〜P）。私は他の何か（〜P）になる。もっというと，私は何にでも（〜P）なる。」

　いうまでもなく，この私性の論理は形式論理（学）でいうところの排中律を侵犯していることから，日常世界では成り立たない論理である。にもかかわらず，それは，頭足類身体の原論理として成り立つ標準系である。

　東久部良は，Ⅱ型（非日常私性），すなわち「『私は私でありかつ私以外のあらゆるものである』という分割された私性の事態」のことを「真と偽の私性を超越するところの絶対真の私性」［同前：48］と名づけている。その理由は次のように説明される。

　「『私は私である』ことが真であり，『私は私以外のあらゆるものである』ことが偽であるところの私性は日常の私性であって，その世界も日常世界に属している。ところが他方の『私は私でありかつ私は私以外のあらゆるものである』ことが絶対真であるところの私性は非日常の私性であって，その世界においては，日常的な世界は，非日常的な巨大な宇宙，ないし形而上学的な存在宇宙に変貌しているのである。」［同前］

　ところで，次に向かうべき私性の論理は，「絶対真である私性と，絶対偽である私性の両者が未だ全く生じていなく，これらは根底からして未現出であるというような私性」［同前：50］となる。「絶対真と絶対偽の私性を超越するところの

『色』の私性」と「『色』の私性を滅却させたところの『空』と名付ける私性」［同前］である。

　要するに，すべての世界がそこから生成・現出するところの「未生世界」を示す私性の論理が要請されるのである。本書では，これをⅢ型に分類することにしたい。

　　Ⅲ型：未日常私性　　　((P∧〜P) ∧¬ (P∧〜P))　色
　　　　　　　　　　　　　¬ ((P∧〜P) ∧¬ (P∧〜P))　空

　東久部良が述べるように，「空の私性とは，……絶対真である私性と，絶対偽である私性の両者が未だ全く生じていなく，これらは根底からして未現出であるというような私性のことなのである。」［同前］。なお，この未日常私性は龍樹のレンマの思想に通底するが，それについては本書の目的を超えることからこの程度の記述にとどめることにしたい。

　私性の論理学をまとめると，次のようになる。

　　Ⅰ型：日常私性　　　　　　P＝真
　　　　　　　　　　　　　　〜P＝偽
　　Ⅱ型：非日常私性　　　　P∧〜P　　真（絶対真）
　　　　　　　　　　　　　¬ (P∧〜P)　偽（絶対偽）
　　Ⅲ型：未日常私性　　　　((P∧〜P) ∧¬ (P∧〜P))　色
　　　　　　　　　　　　　¬ ((P∧〜P) ∧¬ (P∧〜P))　空
　　＊私性の論理学の基準系：P∧〜P　　真（絶対真）
　　　：「私は私であり，かつ，私は私でない。つまり私は，私以外の
　　　　他物や他者になる（＝変転させる）。端的には，私は何にでも
　　　　なる。」

2．私性の論理学の基準としての非日常私性
──パルメニデスの原論理

ところで，このⅡ型（非日常私性）に匹敵する論理学として，東久部良は古代ギリシャ哲学エレア派のパルメニデスを挙げている。

パルメニデスの論理学を整理すると，次の二つに集約できる［パルメニデス，1958：37-44］。

①あるものはある，ないものはない。

②真にあるところのものは，連続一体・不生不滅で変化もしなければ運動もしない全体として，同質の球体を形づくっている。この全体は，対立物の合一したものではない。なぜなら，対立というものも存在しないからである。これに対して，運動・変化・多なるものは，死すべき人間のドクサにすぎない。

東久部良は，「パルメニデスは自ら気付かぬままの分割された私性でもって，その始原宇宙を論理的に考察していき，世界は"有らず"ということのない"有る"だけで充満した一者の存在宇宙であると論述した」［東久部良信政, 1978：47］と捉えている。パルメニデスの論理を原論理に置換して述べると，次のようになる。「私は私でないことにより，私は私以外のあらゆる他物に変転して，世界の隅から隅まで流出していき，かくして私でない方の片割れの私が全宇宙とぴったりと一致するのである。そして，その片割れの私が織りなす宇宙を残余の私が考察してみるに，そこでは日常世界とは異質の非日常的な形而上学的世界の所作が現出している」［同前］，と。

アリストテレスの同一律，排中律，矛盾律に対して，パルメニデスのそれら（三律）は，「絶対真の私性は絶対真であり，絶対偽の私性は絶対偽の私性であるという同一律」，「絶対真である私性と絶対偽である私性とによって峻別されているとする排中律」，「絶対真の私性が絶対偽の私性であることは不可能であるという

矛盾律」［同前：57］，となる。

　パルメニデスよろしく，「あるものはある，ないものはない。」というように，世界が「有らず」，すなわち存在が消滅・消去・無化されるところの非存在ということは思考不可能であるが，「あるものはある」ことにおいて，存在するものとしては，「私としての私」であっても，「私が他の何か（＝私以外の何か，もしくはすべてのもの）」でもよいことになる。しかも，存在するものは，生成・消滅・運動しない，いわゆる非日常的な世界となる。突き詰めれば，それは，有限存在である人間からみると“永遠”ともいうべき宇宙そのものである。

　こうして，パルメニデスの論理学は，絶対真の非日常私性を現出させるのである。パルメニデスの非日常私性に通底する論理を展開したのは，日本を代表する哲学者，西田幾多郎である。西田は，東洋的な禅の論理を展開する中で，「故に自己というものは，論理的には否定即肯定として，矛盾的自己同一的に把握せられるものでなければならない。」［西田幾多郎，1998：344］。「故に自己が自己矛盾的に自己に対立するということは，無が無自身に対して立つということである。真の絶対とは，此の如き意味において，絶対矛盾的自己同一的でなければならない。」［同前：359］と述べている。

　ここに述べられているように，西田もパルメニデスと同様，自己の中に自己と相対立する自己が同時に存在すること，すなわち自己が「論理的には否定即肯定」という矛盾的自己同一的であるべきことを発見したのである。自己は自己であると同時に，絶対対立する自己，すなわち絶対的他者であることは，「私は私でありかつ私は私以外のあらゆるものである」という絶対真の私性または原論理と同じなのである。それは，パルメニデスの原論理と同じく，$P \wedge \sim P$と表される。

　ところが，東久部良がいみじくも指摘するように，パルメニデスの非日常私性は，「$P \wedge \sim P$　真（絶対真）」で足踏みをしている。裏を返すと，パルメニデスは，独自の形而上学的世界を構築しながらも，存在が消滅したり無化したりするような非存在を受け入れることができなかった。ここにパルメニデスの限界がある。

　実は，Ⅱ型の非日常私性は，絶対真の私性にとどまらず，絶対偽の私性が存在する（論理学から機械的に生成されてくる）。それがすでに示した，もう一つの非日常私性である「￢（Ｐ∧～Ｐ）　偽（絶対偽）」である。これは，「『私は私である』ことと，『私は私でない』ことの両者がともに消滅したところの絶対的無化である私性のことである。」［東久部良信政，1978：49］

　つまり，Ⅱ型の非日常私性は，「私は私であり，かつ，私は私以外のあらゆるものである」という絶対真の私性を消滅・無化させるところの絶対偽の私性を同時に成立させていると考えられるところの論理なのである。

　ここまでくると，もはや欧米的な思考様式では太刀打ちできないことがわかる。その点，西田はパルメニデスの絶対真の私性を超えて絶対偽の私性へと踏み込んでいる。その論理は，「￢（Ｐ∧～Ｐ）　偽（絶対偽)」であり，絶対無の論理である。そして，絶対無を介して，私性は，絶対真の私性と絶対偽の私性の弁証法へと進展していくのである。それが次に挙げる「未日常私性」である。

　繰り返しになるが，パルメニデスの論理学は，二つに集約することができた［パルメニデス，1958：37-44］。パルメニデスは，「あるものはある，ないものはない。」というように，世界が「あらず」，すなわち存在が消滅・消去・無化されるところの非存在ということは思考不可能であるが，「あるものはある」ことにおいて，存在するものとしては，「私としての私」であっても，「私が他の何か（＝私以外の何か，もしくはすべてのもの）」でもよいことになる。しかも，存在するものは，生成・消滅・運動しない，いわゆる非日常的な世界となる。突き詰めれば，それは，有限存在である人間からみると，“永遠”ともいうべき宇宙そのものである。このように，パルメニデスの論理（学）は，絶対真の非日常私性を現出させるのである。

　いま述べたパルメニデスの論理を原論理に置換して図示しながら述べると，図Ⅱ－1（50ページ）のようになる。

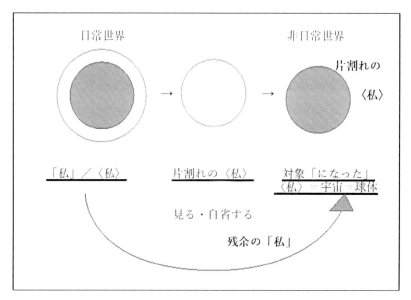

図Ⅱ－1　パルメニデスの生きられる頭足類身体の原論理

　図Ⅱ－1に示されるように，パルメニデスは，「私」（P）と〈私〉（～P）という，二つの私に分裂しながらも，自らそのことに気づかないまま，私は私でないという〈私〉（～P）が私以外のあらゆる他者・モノ「になる」，すなわち変転することで，世界の隅々まで流出していき，そうすることで〈私〉（～P）が全宇宙とぴったりと一致するのである。パルメニデスは対象になった「〈私〉＝全宇宙」を，「連続一体・不生不滅で変化もしなければ運動もしない全体」である「球体」と表現している（実は，西田にも球形の人間の自画像についての記述，すなわち「あらゆる場所が中心となるところの矛盾的自己同一の無限球」［東久部良信政，1979：165］という記述がみられる）。

　そして，「〈私〉（～P）＝全宇宙」，すなわち全宇宙と化した〈私〉，あるいは〈私〉と化した全宇宙をもう一方の残余の「私」（P）が省察すると，そこには日常世界とは異なる非日常の形而上学的世界が現出しているのである。非日常の

形而上学的世界は，いわば置き去りにされた残余の「私」が，他者化し，世界の隅々まで流出していき，全宇宙になった〈私〉を省みた情景なのである（図中の長い矢印を参照）。

　このように，パルメニデスは，自ら気づかないまま，二つに分割された私性（「Ⅱ型：非日常私性　Ｐ∧〜Ｐ　真（絶対真）」）でもって，宇宙を論理的に追究していくことを通して，世界が「ある」だけで充溢した一者としての宇宙であるという認識へと到ったのである。

　このようにみると，人類初期の知性であるパルメニデスの場合，私の，他者化（非自己化）した〈私〉（〜Ｐ）が「になる」ところの対象は世界にあるすべてのもの，否それどころか全宇宙なのである。だからこそ，片割れの「私」（Ｐ）が捉えた，〈私〉（〜Ｐ）と全宇宙がひとつになった情景は，非日常の形而上学的世界となったのである。パルメニデスが自らの頭足類身体を生きられることで省察した全宇宙は，観念的な形而上学的実在である。パルメニデスの全宇宙は，近年，話題になった「曜変天目」の茶器に匹敵する。この茶器（茶碗）は，自らのボディ（器）の表面に宇宙を映現する究極の工芸作品である。ミクロコスモスにマクロコスモスを映し出す様相はまさに，パルメニデスの宇宙そのもののようである。今日の私たちは，この曜変天目を指標（インデックス）とすることによって，パルメニデスが自らの頭足類身体によって到達した全宇宙という形而上学的な実在世界にふれることができると考えられる。

　以上述べてきたように，パルメニデスの原論理は，「Ⅱ型：非日常性私性　Ｐ∧〜Ｐ　真（絶対真）」，すなわち「私は私でありかつ私以外のあらゆるものである」という分割された私性の事態は，真と偽の私性を超越するところの絶対真の私性である。「私は私でありかつ私は私以外のあらゆるものである」ことが絶対真であるところの私性は，非日常の私性であって，その世界においては，日常的な世界は，非日常的な巨大な宇宙もしくは形而上学的な存在宇宙に変貌しているのである。

　図Ⅱ－１を示しながら述べたように，パルメニデスは，「私」（Ｐ）と〈私〉（〜

51

P）という，二つの私に分裂しながらも，自らそのことに気づかないまま，私は私でないという〈私〉（〜P）が私以外のあらゆる他者・モノ「になる」，すなわち変転することで，世界の隅々まで流出していき，そうすることで〈私〉（〜P）が全宇宙とぴったりと一致すると考えた。そして，パルメニデスは，「〈私〉＝全宇宙」を，「連続一体・不生不滅で変化もしなければ運動もしない全体」（静止した世界）と捉えた。こうした思考は，３歳未満の乳幼児の生きられる頭足類身体そのものである。こうして，全宇宙と化した〈私〉，あるいは〈私〉と化した全宇宙をもう一方の残余の「私」（P）が省察すると，そこには日常世界とは異なる非日常の形而上学的世界が現出しているのである。非日常の形而上学的世界は，いわば置き去りにされた残余の「私」が，他者化し，世界の隅々まで流出していき，全宇宙になった〈私〉を省みた情景なのである。残余の「私」からみた情景とは，世界が「ある」だけで充溢した一者（全体）としての宇宙なのである。

　同じエレア派に属するあの有名なゼノンの「アキレスと飛ぶ矢」についても言及しておきたい。ゼノンの数学は，頭足類身体「数学」と呼ぶことができる。

　生きられる頭足類身体と化したパルメニデスからゼノンのパラドックスをみると，恐らくゼノンは，次のように説明するのではあるまいか。つまり，ゼノンは，「私」（P）と〈私〉（〜P）という，二つの私に分裂しながらも，自らそのことに気づかないまま，私は私でないという〈私〉（〜P）が私ではない「飛ぶ矢」そのものになり，もしくは「飛ぶ矢」そのものに変転するがゆえに，飛ぶ矢は不動のものとなる，と。このとき，ゼノンは，片割れの「〈私〉＝飛ぶ矢」になることで，矢は「一瞬一瞬で静止する矢」になるのだ。正確には，残余の「私」（P）は，私でない片割れの〈私〉（〜P）が「飛ぶ矢」（実質的には，「矢」そのもの）に変転するのを省察することを通して「連続一体・不生不滅で変化もしなければ運動もしない全体」（静止した世界）が生成するのである。飛ぶ矢がその運動を否定されて静止する矢になるのは，片割れの〈私〉が矢そのものに変転したからなのである。したがって，ゼノンの「一瞬一瞬で静止する矢」は，現代数学が批判する分割不可能な時間観ではなく，残余の「私」が片割れの〈私〉が「矢」そ

のものになるのを見届けることを通して生起した形而上学的世界なのである。

3．乳幼児の生きられる頭足類身体

　ところで，自画像としての頭足類画を描く，3歳未満（主に2歳）の幼児がどのような他者／世界の了解モードを有しているかについても，前述した東久部良の『頭足類の人間学』［東久部良信政，1978］およびそれをまとめた論文［東久部良信政，1979］が手がかりになる。ここで，頭足類画という特徴のある自画像を描く幼児をはじめ，頭足類的イメージを持つ人たちのことを特に，「頭足類身体」と総称することにしたい。あらかじめ述べると，「頭足類身体」としては，Ⅰ章で言及したように，3歳未満の乳幼児，統合失調症（スキゾイド），統合失調症といった三者がある。

　東久部良の原論理からすると，3歳未満（主に2歳）の幼児の頭足類身体は，次のような原論理を有していることになる［東久部良信政，1978：19ff.］。

> 「私は私でありかつ私は私ではない。」

　ただ，この命題は，頭足類身体からすると，きわめて消極的な表現にすぎない。これを発達の特性に即して意味あるものへと表現し直すと，次のようになる［同前：48ff.］。

> 「私は私でありかつ私は私以外のあらゆるものである。」

　これをもっとアクティヴに表現し直すと，次のようになる［同前：19ff.］

> 「私を私以外のものである他物や他者になる（＝変転させる）。」

総じて，次のように集約することができる。

　　　「私は私であり，かつ，私は私でない。つまり私は，私以外のあらゆる
　　もの（他物や他者）であり，そうした他物や他者になる（＝変転させる）。
　　端的には，私は何にでもなる。」

　いま提示したこの命題こそ，頭足類身体の原論理，すなわち生きられる頭足類
身体の様態を端的に示したものである。つまり，３歳未満の生きられる（幼児の）
頭足類身体は，「私は私でありながら，私は私ではない。」である以上に，「私は
私でありながら，私は私ではない。」ことによって「私は私以外の何か（＝他物
や他者）になる。裏を返すと，私が私になるのは，私が私以外の他者・モノを通
して，「他者・モノでない」ものとして私を発見してからである。端的には，他
者・モノを否定的に媒介することで，私が成立する。
　さらに，私は私以外のあらゆるものになる（＝何にでもなる）」のだ。「私は他
の何かになる。」ということの内実は，幼児（S）からすると，S(A)，S(B)，S(C)，
……S(X)と記述することができる。正確にいうと，S は S として未だ成立してい
ないため，S(A)，S(B)，S(C)，……S(X)におけるすべての S が削除されて――
関数的な表現が成立し得ないため――，A，B，C……Xになる。総じて，「私
は（A〜Xの）何にでもなる。」これはいわゆる変身の論理である。
　この，「私は何にでもなる。」という頭足類身体の原論理は，あまりにも外延が
広すぎて，尋常を超えている。アブノーマルとさえいえる。それゆえ，３歳未満
の幼児はホモ・デメンスなのだ。そのことが可能であるのは，Ⅰ章で述べたよう
に，３歳未満の幼児が，未だ自らの身体を所有していないからである。前に，否
定観念に言及した箇所で述べたように，自らの身体を所有していない者は，論理
における否定を受け入れる傾向がある。
　ところで，幼児の生きられる頭足類身体は，常に他の何かになりつつ，さまざ
まなドラマを繰り広げている。特に，頭足類身体を生きられる幼児の場合，自己

54

と他者の区別は不分明であり，自己はすぐさま自己以外の何ものかになる。もっといえば，自己は他者に変身する。彼らは端的に，頭足類身体を生きられているのだ。

たとえば，自分の左手を太郎君，自分の右手を花子さんと言って，二人に会話をさせた幼児は，自分が同時に太郎君と花子さんになることで一人二役をこなしている。また，自分が大切にしている人形にジュースを飲ませようとしたが，自分がそのジュースを全部飲んでしまい，人形に残念だと言わせつつ，自分自身も悲しい顔をした幼児の場合，自分が自分でありながら，人形になって人形の立場から残念な思いを語らせると同時に，その様子を見ている自分自身も悲しいという感情を共有している。こうした複雑なケースでなくても，幼児はビスケットが割られたり，木材が燃え落ちたりするのを見て，本当にかわいそうだと思う。この場合，幼児はビスケットや木材になっていて，その立場からかわいそうだと感じるのだ。こうした事例については，Ⅲ章であらためて詳述する。

このように，3歳未満の頭足類身体は，自らの身体（肉体）を所有していないことによって，原論理で示される自己が自己以外の何ものかを生きられるとともに，独特の世界／他者の了解を行う。というのも，未だ身体（肉体）を所有していていない頭足類身体は，他者／世界了解の拠点として確固たる意識および自己意識を持たないことから，何ものかにかかわるとき，その何ものかへの融即（＝自己と自己以外のあいだに仕切りのない，相互的な溶け込み合い）・没入によって，いわば無意識に一体になることで，それを端的に生きられてしまう。

繰り返し強調すると，頭足類身体は，頭足類画のように，頭と手足のみを描くことから判断して，自らの身体（肉体）を所有していない。自らの身体（肉体）を所有していない人間は，個体および個体の中核となる人格・性格や感情を十全に所有しておらず，その分，いわゆる透明な存在として世界／他者の中へ直に入り込む（潜入する）ことができるのである（ただし，これは能力以前の傾性というべきものである）。

ところで，前に，鏡像段階の習得によって得ることができるものとして，視覚

的レベルでの身体像の獲得を挙げた。実は，頭足類身体が有する原論理である「私は何にでもなる」という場合の「何にでも」の外延は，一見，無際限であるようにみえるが，実際には幼児が視覚的に見たり，手や口で触れたりすることのできる，身の回りにある具体的な対象に限定されるのではないかと考えられる。つまり，生きられる頭足類身体にとって「何にでも」という場合の「何」とは，目の前にいるこの友だち（次郎くんや洋子さん），目の前にあるこの玩具（たとえば，ウルトラマンやリカちゃんの人形）であったり，同じく目の前にあるこの草花（たとえば，タンポポや桜の花）であったりする。

　裏を返せば，この「他の何でも」は，字義通り，すべてのものではない。たとえば，乳幼児の生きられる頭足類身体にとって，目の前にない「宇宙」や，実在しない「神」・「霊魂」等々，いわゆる形而上学的世界は，この「何」には該当しないと考えられる。具体的にイメージし得ないものや現前化し得ないもの「になる」ことはできないのである。というのも，この頭足類身体は，未だ自己の身体を所有していないのであり，自己にとって意のままになるのは，視覚を通して眼前にある（いる）個別としての他者やモノのみだからである。とはいえ，この頭足類身体が自由自在に何らかのもの「になる」ことは，私たち大人からみてありきたりの日常世界が変容・変身に満ちた驚きの連続であることを意味する。3歳未満の乳幼児が日常，繰り広げる世界が驚きに満ちた世界であることに私たちはうすうす気づいていても，これまでそのことを十分表現する術がなかった。こうした世界の豊饒性を頭足類身体の原論理は，極限まで表現し尽くしていると考えられる。以上が，生きられる頭足類身体の原論理である。

　このように，3歳未満の乳幼児にとって「になる」ところの対象は，彼らにとって身近な，あるいは現前する具体的な個体に限定されている。

　ところが，こうした原論理が病理現象として発現する場合がある。つまりそれは，妄想，特に否定妄想である。たとえば，物心ついた少年が真顔で「自分は正義のヒーローになる（自分はヒーローだ）」とか，大人が真剣に「私は神になる（私は神だ）」と述べたとしたら，どうであろうか。そのことは，他者や社会に

よって妄想だと否定されるであろう。実は，物心ついた人間がこうした妄想を語ることは，ここで述べてきた原論理と関係がある。たとえば，少年・青年をはじめ，大人がスキゾイドや統合失調症のような精神疾患に罹患した場合，頭足類身体の原論理が歪んだ形で回帰してくるのである。したがって，頭足類身体論は，統合失調症をはじめ精神疾患や精神病理をも研究の対象とする必要があるのだ。

　ところで，生きられる頭足類身体の原論理は，すでに述べたように，「私は私であり，かつ，私は私でない。つまり私は，私以外の他物や他者になる（＝変転させる）。端的には，私は何にでもなる。」と記述することができた。つまり，3歳未満の生きられる（乳幼児の）頭足類身体は，「私は私でありながら，私は私ではない。」である以上に，「私は私でありながら，私は私ではない。」ことによって「私は私以外の何か（＝他物や他者）になる。さらに，私は私以外のあらゆるものになる（＝何にでもなる）」のだ。「私は他の何かになる。」ということの内実は，Ｐは「〜Ｐ」を否定的に媒介とすることで，「Ａ，Ｂ，Ｃ……Ｘ」になる，ということを意味する。総じて，「私は何にでもなる」。

　以上述べてきた，3歳未満の乳幼児の生きられる頭足類身体の原論理は，次のように図示して説明することができる（図Ⅱ−2）。

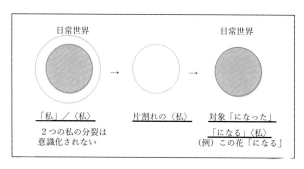

図Ⅱ− 2　　3歳未満の乳幼児の生きられる頭足類身体の原論理

　図Ⅱ−2に示されるように，3歳未満の乳幼児の生きられる頭足類身体は，

「私」（Ｐ）と〈私〉（〜Ｐ）という，二つの私に分裂しながらも，そのこと自体を意識化しない（し得ない）まま，他者化（他性化）した一方の〈私〉（〜Ｐ）は，対象，たとえば「この花」そのもの「になる」，すなわち融即および没入する。このとき，乳幼児の，他者化（他性化）した〈私〉（〜Ｐ）は端的に，対象そのものに「になる」のだ。つまり乳幼児の頭足類身体は，「〈私〉（〜Ｐ）＝対象そのもの（たとえば，この花)」と化すのである。両者はピッタリと重なるのだ。ただ，そのことが起こっているのは，日常世界においてであり，ごく普通のできごとにすぎない。

　前に，３歳未満の乳幼児の生きられる頭足類身体は，原論理によって「他の何でもなる」と述べて，そのことを「Ｐ→〜Ｐ＝Ａ，Ｂ，Ｃ……Ｘ」と示したが，この「他の何でも」は実は，乳幼児にとって具体的かつ身近なもの，もっといえば，個体に限定される。

　これまで，東久部良の私性の論理学を日常の形式論理からそれが生成する以前の——もしくは基底の——非日常私性（原論理），さらなる基底の未日常私性（空性の私性）へと遡及しつつ，展開してきた。本書で中心となる私性は，いうまでもなく，非日常私性，特に，Ｐ∧〜Ｐが真となる絶対真の私性である。それはまた，古代ギリシャのパルメニデスの非日常私性に通底するものであった。私性の論理学からすると，３歳未満の乳幼児の頭足類身体の原論理と，古代ギリシャ哲学者の原論理はまったく同一の形式をとるのである。

　繰り返すと，両者の原論理は，「私は私でありながら，私は私でない」（Ｐ∧〜Ｐ），そして，それを進展させた，「私は私でありながら，他の何かになる（何でもなる）。」（Ｐ→〜Ｐ＝Ａ，Ｂ，Ｃ……Ｘ）と示すことができる。勿論，幼児の頭足類身体は，「他の何かになる」の「他の何か」は，他者やモノといった具体的かつ身近なものであるのに対して，古代ギリシャ哲学者の「他の何か」は，全宇宙といった形而上学的世界である。したがって，前者が日常世界に留まるのに対して，後者は非日常世界が日常世界を覆い尽くすことになる。こうした差異こそあれ，３歳未満の幼児の世界と古代ギリシャ哲学者の世界において原論理は，通底して

いるのである。それにしても，３歳未満の幼児にとって，（大人からみて）ありきたりの日常世界が S ∧〜 S という，変容・変身に満ちた驚きの連続の世界だということは，刮目すべき事実である。

　ところで，Ⅰ章では，６ヶ月〜 18 ヶ月の幼児が鏡像段階を通して可視的な身体像を鏡の中，すなわち自己の外に見出すことについて述べた。つまり，この発達画期の乳幼児は，形のない自己（I）を外にある形のある他者の身体（Me）によって取り込み，「I ＝ Me」というように，先取り的に統合してしまうのだ。ただこの場合の統合は，あくまでも視覚的レベルでの身体像の所有にすぎない。むしろ，鏡像段階を通して幼児が獲得する鏡像は，自分だけでなく，自分以外の他者からも同等に所有されるものである。存在論的にはのっぴきならない問題があるとはいえ，生理早産のため，脳が十全に発達しないまま，早く生まれてしまった人間にとっては，「ばらばらに寸断された身体像」のまま生き残れるよりも，たとえ他者の身体像，しかも他者と同等のまなざしに曝されるものであっても，「ばらばらに寸断された身体像」を統合する上では明らかに有利なのである。そのことはまさに，生の戦略と呼ぶにふさわしい。

　見方を変えれば，たとえ他者や他者のまなざしに汚染された身体像であっても，その身体像を視覚的レベルと限られた範囲で自己自身のものとして所有化することは，鏡像段階を通して幼児が他者の身体像を認知することができるという点で意味があるわけだ。したがって，幼児が他者の身体を見出すことができるのは，６ヶ月以降の鏡像段階を契機にしてであると考えられる。ただ急いで付け加えると，この頃の幼児は他者の身体を見出すとともに，その他者の可視的な身体へと自己逃亡し，自己を統合するといっても，自己と他者が未分化の状態で身体を発見するにとどまる。

　こうして，６ヶ月以降の幼児は，視覚的レベルでの身体の統合，すなわち自己らしきものの先取りに成功しながらも，自他未分化の状態で身体を見出すことになる。裏を返せば，この頃になってようやく幼児は，他者（＝絶対的他者）を発見するとともに，その所産として自己をも見出すのだ。この場合の自己はあくま

でも三人称化した他性を帯びたものにすぎない。

　個体としての「私」が「個体」としての「他者」とかかわるようになるのは，幼児の中に性格・人格や感情・自己感情が形成される3歳以降になってからである。この頃になって幼児は，自他未分化の状態を脱して自他分離・主客対立において他者を認知するとともに，自然に他者を巻き込むような情動ではなく，知性によって制御される感情および自己感情によって他者とかかわるようになる。情動は，自己を自己の外にいる他者・モノに置いた上で，その全体から他者にも，そして自己にも影響を与える類いの感情（狭義）であり，身体的動きをともなうものである。ところが，感情は，身体的動きをともなう情動を脱しており，外から窺い知ることのできない類いの感情（狭義）なのだ。それは，個体の中で閉じている。3歳を過ぎた頃から幼児は，この閉じた感情を用いつつ，個体としての性格・人格，総じて個性を強調するようになる。いわゆる反抗期への移り変わりである。

4．詩人の生きられる頭足類身体

　これまで，乳幼児の頭足類身体をベースに，さまざまな頭足類身体とそれが展開する原論理をみてきた。ここからは，詩人の生きられる頭足類身体およびその世界をみていくことにしたい。ここでは，現代の著名な詩人，最果タヒが，清川あさみとの合作，『千年後の百人一首』の中で綴った詩を取り上げることにする［最果タヒ，2017：73］。

　　わたしのことを忘れてみれば，もっと遠くが見えるのです。
　　わたしの机を忘れてみれば，遠くの風を感じるのです。
　　わたしの体を忘れてみれば，遠くの匂いがしてきます。
　　とおくの，あの山の峰にさくらが咲いている。
　　わたしは今，さくらのはなびらの中にうずくまって，

　　ほろほろと溶けそうな色彩で瞳のおくを染めている。

　　だから，おもいださせないで，

　　遠くを見ているわたしの体に，触れないで。

　　人も，鳥も，虫も，近くの山の霞さえも。

　この詩を直観的に捉えると，自然を隈なく見通すために，詩人の自己は自己を中心にしつつも，能動性を発揮するのではなく，自らの身体を抜け出して，いわば自己を置き去りにすることによって，もう一つの自己（＝片割れの私）が積極的に自己である方の自己から遊離することにより，間近に遠くの風景を見て，遠くの風を感じて，遠くの匂いを嗅いで，そして，遠くのあの山の峰に咲いている桜の花びらの中にうずくまり，その花びらの色彩で自分の瞳の奥を染めるまでに自然のありとあらゆるものを見ているのである。花びらの色彩が詩人の瞳の中に映し出されているという表現は，実に印象的である。

　この，詩人と花びらとのあまりの近さ——花びらを接近可能な極限としつつも，こうした対象と一体化した詩人の身体であったが，次の瞬間，ふと我に返って想起される置いてけぼりとなった詩人の自己自身の身体。

　いまや，遠くへ出かけてしまって，抜け殻となってしまった詩人の身体のことを想起させたり（気づかせたり），誰も何も触れたりしないでそのまま，いましばらくは放っておいて欲しい，というのがこの詩人のささやかな願いなのである。

　では，私性の論理学からすると，この詩はどのように捉えることができるのであろうか。それは次の通りである。

　この詩人は，自らの頭足類身体を生きられることによって，3歳未満の乳幼児の生きられる頭足類身体と同様に，「私」（P）と〈私〉（〜P）という，二つの私に分裂しながらも，他者化した片割れの〈私〉（〜P）が積極的に遠くの風景，遠くの風，遠くの匂い，あの山の峰に咲いているさくら，さくらのはなびら「になる」，すなわち融即および没入する。詩人の片割れの〈私〉（〜P）は，「私」（P）を置き去りにしたまま，遠くの世界にまで流出していき，その世界と一体になる

61

のである。

　こうした詩作は、「私は私でありながら、私は私ではない。私は他の何かになる。もっというと、私は何にでもなる。」という頭足類身体の原論理を有する者の成せる業である。

　興味深いのは、パルメニデスと同じく、「〈私〉（〜P）＝遠くの世界」、すなわち遠くの世界と化した〈私〉、あるいは〈私〉と化した遠くの世界を、置き去りにされた残余の「私」（P）が見守っていると同時に、その「私」が一体化した「〈私〉（〜P）＝遠くの世界」を暫しのあいだ、この無我夢中の状態を保つために、「だから、おもいださせないで、遠くを見ているわたしの体に、触れないで。人も、鳥も、虫も、近くの山の霞さえも。」と我に返らないことを切望しているのである。

　繰り返すと、置き去りにされた残余の「私」は、遠くの世界「になった」片割れの〈私〉、いわゆる「ひとつの世界」を見守っているわけであるが、こうした状態を少しでも長く保持することができるように、人、鳥、虫、雪が「私」に触れないように懇願しているのだ。

　こうした状態の保持についていえば、乳幼児の頭足類身体の「になる」は変転自在であり、変わり目が早く、パルメニデスの頭足類身体の「になる」は変化がまったくない永遠の非日常的世界となる。それらに対して、詩人の頭足類身体の「になる」は、わずかの接触で瓦解してしまう繊細なものなのである。

　以上述べたことを図II－1と図II－2に準じて、図示すると、図II－3（63ページ）になる。

　この詩人の作品に代表されるように、詩人の生きられる頭足類身体は、遠くの世界と融即して、虫が樹液を啜り尽くすかのように、内側からこの世界を丸ごと味わい尽くそうとしているのである。そのためには、残余の「私」にとって静謐な省察のときが不可欠となるのだ。というのも、この一連のできごとを言葉に刻みつけることができるのは、唯一、置き去りにされた残余の「私」だからである（〈私〉は他者化してしまっており、専ら、遠くの風景になるだけなのである）。

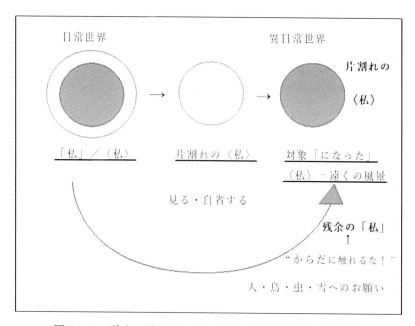

図Ⅱ-3　詩人・最果タヒの生きられる頭足類身体の原論理

　なお，図Ⅱ-3では，乳幼児の生きられる頭足類身体が生成する世界が「日常世界」，パルメニデスの生きられる頭足類身体が生成する世界が「非日常の形而上学的世界」であるのに対して，この詩人が生成する世界を筆者は，「異日常世界」と名づけることにする。その理由は次の通りである。詩人が作り出す世界は，日常世界に根を下ろしながらも，以前とは異なったもうひとつの感性を喚起し，眼前に広がる日常世界そのものを再構成する（リフレーミング）するからである。こうした日常世界の再構成，あるいは異日常世界の構成は，ロシア・フォルマリズムが唱えた異化作用に近い。したがって，「異日常世界」の構成は，日常世界からまったく逸脱することで生の感情を高揚させる非日常世界の構築とは異なるのである。

　さらに，最果は，別の詩作によって自らが頭足類身体を生きられることを端的

に曝露している［同前：89］。

　　私の命は雨の粒より丸くて，軽く，

　　きっとあなたのところまで飛んでいくことができるでしょう。

　　……（以下，省略）

　ここで，この詩人は，「私の命は雨の粒より丸くて」と綴っているが，この「丸さ」こそ，頭足類身体の端的な表現である。前述したように，生きられる頭足類身体の基本形は，丸，または円や球であり，だからこそ，頭足類身体を生きられる詩人自身もまた，丸い（円い）存在なのである。しかも，この丸い私は，片割れの〈私〉と同じく，あなたのところまで飛んでいくことができるのだ。

　いま論述した最果タヒの詩の論理は，前述したように，パルメニデスや西田幾多郎に共通する非日常私性（絶対真の私性）のひとつであり，「Ⅱ型：非日常性私性　P∧～P　真（絶対真）」と示されるものである。

　以上のように，筆者は生きられる頭足類身体の代表として最果タヒの作品，およびその作品で表現された詩人の身体をオマージュしてきた。繰り返し強調するが，こうした類いの詩作は，生きられる頭足類身体に特有のものである。

Ⅲ. 頭足類身体の発達理論
——H.ワロン『児童における性格の起源』を中心に

　本章では，Ⅰ・Ⅱ章を通して解明してきた，3歳未満の乳幼児が描く頭足類画と，それを描く2歳児およびその生きられる頭足類身体の機序（形式的記述）に，3歳未満の乳幼児の精神発達の具体的な記述を付与する。その精神発達の中心は，乳幼児の「になる」である。「になる」ことは，頭足類画がⅠ＝ⅠとⅠ＝Meの妥協の所産であることからみて，3歳未満の乳幼児が未だ身体を所有せず（Ⅰ＝Ⅰかつ Ⅰ≠Me），自他未分化な状態にあり，何にでもなるからこそ可能になる活動である。こうした「になる」活動は，3歳未満の乳幼児にとってどのような具体的活動となって発現するのかをワロンの発達心理学的な観察・記述を通してみていく。その際，ワロン自身は「嫉妬」等を通して間接的に示唆するにとどまるが，3歳未満の乳幼児にとって自己身体の非所有化から，「見る」と「見られる」が非対称にならず，「見る⇄見られる」（＝身体の両義性）という具合に，対称になることがポイントになる。3歳未満の乳幼児にとって「になる」対象が，「見る」ものでありながら同時に，その対象から自分が「見られる」ものになるといった，身が入れ替わる互換的身体を生きられているわけである。3歳未満の乳幼児の生きられる頭足類身体の原論理は，こうした他者・モノとの互換的身体から生成してくるのである。

　ここまでを想起すると，Ⅰ章では，2〜3歳の幼児がなぜ自画像（人物表現）として頭足類画を描くのかその理由を鏡像段階によって解明してきた。ところが，実のところ——矛盾しているが——，幼児がなぜ頭足類画を描くのかという理由は，これから論述することと比べると，それほど重要な事柄ではないことがわかる。むしろ重要なのは，閉じた球体としての「円形＝頭部」に，「頭部＝内部」と外をつなぐ「手と足」を加算したような，奇っ怪な自画像を描く（この画期の）

65

幼児がどのような他者・世界了解をしているかの方なのである。つまり，頭足類画を描く頭足類身体を有する幼児（3歳未満の人間）は，どのように他者・世界を了解しているのかという問いである（ここで「他者・世界」と表記するのは，人間にとって世界の了解以前に，他者をどのように了解するかが優先されることを強調するためである。人間は他者を通して世界［モノ］を了解するのだ）。

　どうして，頭足類身体を生きられる乳幼児がどのような他者／世界了解をしているのかが最重要な問いなのかというと，それは，身体を所有していないこと，もしくは十全な身体を持たないことによって外界や内界は，零れ落ち，流出していき，日常の時空は根底から変容するからである。

　結論から述べると，頭足類画を描く3歳未満の幼児は，3歳以降の人間（子どもから成人を経て高齢者に到るまでのすべての人間）とは異なり，他の動物にはまったく見られない，あまりにも人間らしい，人間特有の他者／世界了解のモードを持っている。次に，「3歳未満／3歳以降」という発達の境界について，詳述することにする。

　筆者が知る限り，ワロンが執筆した『児童における性格の起源』は，3歳未満の幼児の発達過程を活写した労作であり，最も優れた発達心理学の研究書である。同書は，3歳未満／3歳以降を人間の発達上の大分水嶺と考えていることから，3歳未満の頭足類身体の発達過程を精緻にかつヴィヴィッドに記述したものと読み取ることが可能である。

　ワロンは同書の中で3歳未満の子ども（幼児）の発達画期を身体意識の分化に沿って，「第一段階：誕生から3ヶ月まで／第二段階：3ヶ月から6ヶ月／第三段階：6ヶ月から 12 ヶ月を経て3年まで」［Wallon, 1949=1970］と三つに区分している。ここで発達画期の区分の基準となる身体意識の分化とは，乳幼児が自らの手足を自己自身の一部分だと認識して，すなわち外部環境とは分離された自己所有物だと認知して，その手足によって世界とかかわることを意味するが，想像するに，発達初期の子どもの場合，自らの手足でさえ，自分の所有物であるどころか，他者とみなしているのだ。こうした乳幼児にとって，自己は他者と同

列に置かれたモノなのである。

　本書は，頭足類身体の特性を射程とすることから，ワロンの発達画期の区分のうち，「第三段階：6ヶ月から 12 ヶ月を経て 3 年まで」に焦点化していくことにする。

1．混淆的社交性と絶対的他者の発見
——自他未分化の状態での他者

　初めに，ワロンが自らの言葉で3歳を精神発達の大分水嶺だと捉えて，その具体例を挙げている。

　ワロンは，「自分を他人からはっきりと区別して認めかつ振舞うことは，3歳からやっとはじまる」［同前：209］とか，「子どもがまわりの人や自分が入っている状況の中から自分の人格を抜き出して優位に置くことができるようになるまで，すなわち 3 歳くらいにならないと，埋め合わせられない。」［同前：220-221］と述べている。そして，自己が独立した（自律した）自己，あるいは個体としての自己を確立するのは，狭義の感情，すなわち統制（制御）された感情（狭義）を形成してからとなる。生物（ヒト）としての人間の場合，自己（私）が自己（私）として十全に成立してくるのは，感情（狭義）が生成してからとなる。3歳を過ぎて幼児は，自らの個性を発揮し，親に反抗するようになるが，そのベースにあるのは感情（狭義）である。前述したように，感情，正確には，自己感情は，個別としての自己と，個別としての他者やモノとの境界を形成するのである。自己感情が形成されてこそ，動物としての自己自身は個体性を有するのだ。感情（狭義），または自己感情は，人間の性格や人格のコアを形成するのである。それ以前は，この後すぐに論述するように，情動が幼児を支配する。

　裏を返せば，3 歳未満の幼児は，身体意識が未確立であり，自己の身体（肉体または胴体）と他者／環境との分離がなされていないわけである。ただそれでも，ワロンが述べるように，6 ヶ月を過ぎた時期から幼児の中で身体意識が急成長を

遂げる。特に顕著な発達は，他者認知である。「初めの半年が過ぎると，他の人間に対面しての反応が最高の頻度に達する時期がやがてくる。……7 〜 12 ヶ月の間に，他の人に向けられた運動反応の見られる率は始めの 6 ヶ月の間より 4 倍も多くなり，2 年目に見られる頻度の 3 分の 1 を超える。」[同前；218]。

　このように，ワロンは，幼児が誰彼なしに他者に対して反応を示したり応対したりすることを子どもの社会化の原基だと捉え，「見さかいのない社交性」[同前]，もしくは「混淆的な社交性」と呼ぶ。つまり幼児は，誕生後 6 ヶ月を過ぎてからようやく，他者を発見するのである。また，8 ヶ月を過ぎてから，喃語も豊富になってくるという［同前］。社交性の発達と，喃語，すなわち言葉は正比例の関係にあると考えられる。

　もっと重要なことは，幼児が他者を発見するこの混淆的な社交性の時期に，この発達画期に特異の他者関係（対人関係）を形成するということである。ワロンは，この時期に特異な他者関係として「嫉妬」と「同情」を挙げている。6 ヶ月を過ぎてから，正確には誕生後 7 ヶ月経ってから，幼児は自己と他者の区別が曖昧な状態の中で，すなわち自他未分化の状態で他者を発見する。この場合の他者は，人間特有の，もっといえば，ホモ・デメンス特有の，人間的な他者であって，動物が見出す他者ではない。また，3 歳以降の，個体としての性格・人格が見出す個体としての他者でもない。それは，個体以前の，すなわち性格・人格形成以前の，他者なのだ。とはいえ，私たち人間は誕生後，6 ヶ月を過ぎた頃に，動物（ヒト）以前の他者を発見するのであり，それは，自己の性格・人格が未確立の状態，すなわち自他未分化の状態で見出す絶対的な他者である（これに対して，個体としての自己が個体としての他者を発見する場合の「他者」は，相対的な他者となる）。

　しかも，幼児が自己自身を確立していない状態において，こうした他者（絶対的他者）を発見するベースには，情動がある。感情（狭義）が発生する以前の感情（広義）は，普通，情動と呼ばれるが，ワロンにおいても情動は，自他未分化の状態の発達画期において発現するものである。情動は，自己が明確な他者認知

68

をする以前の状態の中で駆動する自己の感情（狭義）なのだ。情動は，前にふれ
たように，自己を他者・モノという（自己の）外に位置づけて，自他未分化な状
態で全体を巻き込みながら，全体から他者だけでなく，当の自己にも影響を及ぼ
すのである。たとえば幼児が激しく怒ったり笑ったり泣いたりすることは，周囲
の人たちの心を動かしたり揺さぶったりする。それだけでなく，そうした激しい
怒りや狂気じみた大笑いや大泣きは，他人事のように，自己自身に影響を与える
のだ。つまり情動そのものは，その表出の仕方自体が自分を含め，その場に居合
わせる人たちに影響を与えるという意味で，すでに社会的なものなのである。3
歳未満の幼児が情動に駆動されるとともに，こうした幼児の情動が周囲の人たち
を動かすことからみて，この時期の幼児において情動が主役であることは相違な
い。幼児は情動を通して全面的に周囲の人たちの中に溶け込んでいるため，自己
と他者を区別することができない状態にある。だからこそ，他者は個体としての
他者ではなく，絶対的他者として出現するのである。

　しかも近年，J.ルドゥーの情動の自律性を踏まえつつ，それを進展させた脳科
学者，ダマジオによって「ソマティック・マーカー仮説」［Damasio, 2006＝2010］
が唱えられた。その仮説は，脳・心の情動論的転回を示唆している。筆者は，ダ
マジオに沿って理性に基づく意志決定が可能になるためには，まず環境から入っ
てきた情報を瞬時に受けとめる身体反応，すなわち情動反応が不可欠であること
について述べた［中井，2021］。一言でいうと，意志決定や状況判断には，情動
（感情）が不可欠なのだ。知性は情動なしには的確な意志決定をすることができ
ないのである。裏を返せば，脳だけでは心は生まれず，しかも意志決定は不可能
なのである。重要なのは，脳と身体の連関である。

　こうしたソマティック・マーカー仮説によって実証されるように，情動を介し
た他者関係の形成は不可欠である。あらかじめ述べると，統合失調症質（スキゾ
イド）および統合失調症において起こる，自他未分化の状態で発散されるところ
の，気の狂いもしくは周囲を巻き込む狂気は，3歳未満の自他未分化の状態で生
じる情動の回帰または再体験（フラッシュバック）なのである。

2．嫉妬と同情
──他性としての自己

　では次に，3歳未満の幼児にとっては，絶対的な他者の発見の契機となる，「嫉妬」と「同情」についてワロンの事例を参照することにしたい。

　まず，混淆的な社交性の時期における嫉妬は，「自分と他人の混同の結果としてのみ可能なのである。見ている者は，見ている者でありながら受動から能動に移る。彼は相手の中に自分で生じさせたものを見，自分がわざわざ相手に与えた苦痛によって自分の心を怒らせかきみだすのである。」[Wallon，1949=1970：227]。

　この嫉妬の論理にしたがうと，嫉妬の具体例は次のようになる。たとえば，A子がB子を殴ったとする。普通であれば，理由はさておき，怒るのは殴られたB子の方である。ところが，この場合，A子は殴ったB子の中に怒りを見出し，B子に与えた苦痛に対して自ら怒ることになる。

　反対に，ある幼児は知人から褒められているにもかかわらず，自分が褒められているのではなく，隣の友だちが褒められたと思い込み，残念がる場合もまた，嫉妬に相当する。

　次に，同情について例示するが，これについてワロンは多くの例を挙げている。

　まず，2歳の頃の未分化な同情の例は次の通りである。

　ある幼児は，紙から子どもの面を切り抜くのを見ていて，下手にやって首が取れてしまわないかと心配して大泣きした。

　ある幼児は，ビスケットを二つにわるのを見て汎心論的な感情移入をして，「ビスちゃんかわいそう」といい，木材が燃えおちるのを見て「木かわいそう」と言った。

　ある幼児は，紙の人形の手を一つ切ってみせると泣いた。[同前：238]

　また，ワロンは幼児が棒切れを玩具に見立てることを同情という現象から次のように説明している。

　「子どもが思ったりほしがったりするものと現実との間では，おとなにおけるよりもはるかに区別があいまいであり，子どもの心を領した思いや表象は，何でも最初に出くわしたものを以て自分の意を得たものとすることができる。逆に言えば，何であろうと彼の興味をよぶ実物のイメージを呼び起こすことができる。棒切れも馬になり，布片も人形になる。彼はそれが本物に似ているかいないかは気にかけない。……これに加えて，彼は具体的な表象しかもてないということがある。そこでただの四角が家となり，ただの円がお母さんとなる。」［同前：240］。

　さらにワロンは，言語についても同情が起こると捉え，次のような例を挙げている［同前：240-243］。

　ある幼児が「しいしい」というのは，おしっこがしたいとき，小さい女の子が着物をまくるのを見たとき，お皿から水がこぼれるのを見たとき，である。こうした比喩表現が出現するのは，順に，自分，他人，物体の動きの場合であるが，その理由は，三つの事柄を混同しているからである。

　また，「おっぱい」というのは，自分が飲みたいこと，他の子どもが飲みたがっていること，その子どもに乳をやるように母を促すことというように，三つの事柄を兼ねている。

　さらに，「いたいいたい」というのは，その子どもが痛かったとき，人形の足が壊れたとき，椅子が壊れているとき，お母さんの唇におできができたとき，叱ったり叩いたりする意味での場合，人が，足が痛いと言っているのを聞くと自分の足を示す場合を兼ねているのである。

　ある幼児は，遊んでいるうちに「気をつけて！」とか「ありがとう」とかの言葉を，初めてひとりで戸を開けることができたときなどに言っていた。これはつまり通る人と，危機を知らせる人との両方にすぐになることであり，助ける者と助けられる者になることなのである。

ある幼児は，これこれの物にさわってはいけないという言いつけを自分で思い出すようになった。彼は両親を叩くのを止めるようになったが，叩きたくなると彼は，「たたいちゃだめ……ちゃん！」と言った。したがうことと禁止とがまだ本当の関係においてわかっていない。彼は明らかに一方から他方に移って行き，まるで自分が二つの位置に分かれているようで，まだその二つを一つの自主的禁止にまでもってくることができないようである。

　ある幼児は，自分がもらった小言を，みんな人形に言って聞かせた。

　ある幼児は，何かを壊すと自分の手を叱って「めーっ」と言った。

　このように，同情という現象は，幼児が同一の言葉を「自己，他者，物体の動き」や「助ける者，助けられる者」等々といった各々異なる文脈において使用することを示すものである。3歳未満の幼児が，自由自在に他者やモノになるのである。裏を返せば，3歳未満の幼児は確定した自己を持たない。そのことに関連してワロンは，3歳未満の幼児の場合，「『私（je）』は，たまたま一定の状況に条件づけられてあらわれていたにすぎない。もっともよく見られることは，自分を指して三人称で呼ぶことである。もっとも，そうするのは親が子に向かって話すのをまねしているだけでもあろう」［同前：243］と述べている。幼児は母親らによって「私」という呼び方を教えてもらったから，その慣例にしたがって自己自身のことを「私」と呼ぶだけである。むしろ3歳未満の幼児は，自己のことを三人称である他者（他人）で呼ぶことが普通である。つまりこの時期の幼児は，自己と他者の区別が曖昧であり，自己を他者化，すなわち三人称化しているのである。

　そうしたことの帰結として，ワロンは，幼児の中にカプグラ症候群に匹敵する現象を見出している［同前：247］。

　人々を混同するのと反対に，同じ人が二人の者にされてしまうこともある。ある幼児は，あるときちょうどウィーンから帰ってきた父親が母と並んでいるところを突然見た。「この人だれ？」ときかれてその子は，「もひとりのお父さんはウ

ィーンにいるのよ」とつぶやいた。そこで父親は,「私がそのウィーンのパパだよ」といってきかせたところ,彼女は「じゃパパはここまで汽車で来たの?」と聞くのだった。この場合,人格はいまだ状況に結びついており,居る場所がその人の他のあらゆる特徴と同列のものとして組み入れられている。

　幼児からすると,同一の人物(父親)は,いまここに居るパパと,ウィーンに居るパパという二人の人物であり,しかも各々のパパは,いまここという状況に居る人格と,ウィーンに居る人格としてのパパ,もしくはウィーンから汽車で来た人格としてのパパというように並置されていて,これら三者が同一人物であることを認知していない。つまり幼児は,パパを状況を超えて同一人物だと捉えることができないのだ。幼児にとってパパは状況によって異なる。このように,同一人物が状況によって別人物になるわけである。それは,他者の性格・人格が一貫したものではないことを意味するが,裏を返せば,そのことは,幼児の性格・人格が一貫したものではないことの証左となる。幼児は3歳を過ぎて性格・人格が一貫したものとなるとき,状況次第で同一人物が別人物になる事態は解消するのである。

　これと類似したことは,カプグラ症候群でも起こる[中井,2020]。たとえば,ある夫は,妻が偽物だと断定するが,この場合,夫からすると,家で居る(居た)妻と,いまここに居る妻は,まったく別の人物であり,いまここに居る妻は偽物なのである(ただし,カプグラ症候群の場合,夫からみて妻がなぜ偽物と思うのかについて理由は言わない)。

　また,3歳未満の幼児が体験する面白いエピソードとして次のような例がある(なお,この事例はすべて,3歳未満の幼児に相違ないが,年齢の低い乳児も含まれている)[Wallon, 1949=1970:185-189]。

・足を手にとってみたり足指をいじったり口にもって行ったりする。
・お湯に入っているとき,幼児は自分の体をあちこちからさわったりいじった

りする。足をばたばたしてそれを見ている。

・ある幼児は，人形に自分のくつ下をはかせようとして，足と頭をとりちがえた。

・ある幼児は，指を外物のように取り外そうとする動作をした。

・ある幼児は，片手を一方の手で押さえつけて，遂に痛そうな顔をしている。

・ある幼児は，自分の指をかんでびっくりして泣いている。

・ある幼児は，大人が，「おくつをちょうだい」と言ったら，いまどこかへやったばかりの靴を拾ってきて，よこした。そして，大人が「あんよをちょうだい」と言ったら，自分の足を両手でつかんで，それを差し出そうと長いことやっていた。

・ある幼児は，ビスケットを，お母さんたちにやろうとするのと同じように，自分の足に何度もやろうとして，足指がそれを受けとるだろうとおもしろがっていた。

・ある幼児は，バルコニーの上からふくらはぎをかざして外をみせてやろうとした。また同様に，庭の小石を動かして石に新しいものを見せてやろうともした。

これらワロンの事例とは別に，筆者が別の著書で取り上げた事例［中井，2018］として次のものがある（事例の内容を若干変更した）。

・ある幼児は，自分の左手を太郎君，自分の右手を花子さんと言って，二人が会話した。

・ある幼児は，自分が大切にしている人形にジュースを飲ませようとしたが，自分がそのジュースを全部飲んでしまい，人形に残念だと言わせつつ，自分自身も悲しい顔をした。

ワロンが指摘するように，3歳未満の幼児は，自己を外界（モノ）と同列に扱

い，自己を他者化もしくは三人称化する。つまりそのことは，自他未分化の状態での自己の捉え方を意味する。このことに関連して，ワロンは次のようにまとめている。

「かくのごとく子どものアニミズムは，自分の身体と外界とを同じように取り扱わしめる。これは，彼が外物を自分の自己感覚から外へ決定的に追い出し，身体を自我のうちに実質的に統合するという解決法ができる以前の，折衷的解決法である。しかしはじめは，体の各々の器官を個々にそれと認めるに際しては，それらをただそれぞれ並列することしかできないでいる。」［Wallon，1949=1970：189］。ここでワロンが述べる「並列（パラタクシス）」は，3歳未満の乳幼児の特性を表すものとして特に注意を払う必要がある（パラタクシスについては，78～82ページの補説を参照）。

3．表象と緊張活動（トーヌス）

前述したように，3歳を境界に身につく資質として「感情（狭義）」を取り上げるとともに，それと，3歳未満の幼児の活動を駆動するエンジンとなる「情動」を区別してきた。ただ，情動と感情（狭義）では，他者との関係様式がまったく異なるにもかかわらず，人間にとって情動と感情（狭義）を包括する感情（広義）が個体としての自己を動かすことに違いはない。感情（広義）こそ，ダマジオが述べるように［Damasio，2006=2010］，自己が自己であることの資質となる。自己は，感情（狭義）を追いかけるかのように，成長するのである。

前述したように，感情（狭義）は，3歳以降の幼児の人格を確立する資質であるが，これに加えて自己が自己を確立する他の資質として「表象」がある。表象を形成することができるか否か，端的に表象の有無こそ，3歳未満／3歳以降を分ける指標となる。では一体，表象とは何か。これについてはワロンの発達理論を敷衍した加藤義信の表象理論が手がかりになる。

加藤によると，表象は次のように規定される。

まず，表象（representation）は，「re-present（再－現前化する）こと，つまり，今ここにはない対象を心的に蘇らせることである。」[加藤義信，2015：155]。それは，「represent は他動詞（蘇らせる）」ことから，「想起主体の自発性や意図性が初めから……前提とされている。」[同前]。「つまり，表象は外的世界からは（何らかの程度において）独立に操作可能な，主体の自由になる道具であること」[同前]なのだ。表象に対して，「知覚は当の知覚主体をいま，ここに縛るものである。」[同前]。なお，筆者は以前，著書の中で安永浩のファントム空間論の立場から知覚と表象の差異について詳述したことがある［中井，2017]。

　要するに，表象は，いま，ここに知覚主体を縛る知覚とは異なり，表象主体が自発的，意図的にいま，ここにはない対象を（外的世界とは独立に）心的に蘇らせる作用（＝再－現前化すること）である。

　次に，表象は，「対象や出来事をそれが経験される場から時間的，空間的に切り離して，別の心的なもの（イメージ，記号，ことば，など）に置き換えて保持できるようになること」[加藤義信，2015：156]である。端的には，表象とは「『置き換え』の働き」[同前]である。これに対して，「知覚的経験と知覚記憶痕跡，運動的経験と運動記憶痕跡の関係は，多かれ少なかれ連続する同質のものどうしの関係である。」[同前：157]

　さらに，表象が「置き換えの働き」であることに関連して，「置き換えるもの＝表象」は「置き換えられるもの＝指示対象」から切り離されて，「置き換えるもの＝表象」だけが自立的に利用することができるという特徴を有する[同前]。つまり表象は，何か別物である指示対象を置き換え，代理するものでありながらも，指示対象とは切り離して――いわゆる，指示対象とは独立して――それ自体で用いることができるのだ。

　以上，加藤の表象についての規定から明らかなように，表象は，知覚や運動や記憶とは異なり，表象主体がいま，ここにはない指示対象をいま，ここという時空から分離して独立に心的に蘇らせるする能力なのである。しかも表象は，指示対象を指示対象とは異なる心的なもの（イメージ，記号，言葉等々）へと置き換

える。

　繰り返し強調すると，表象は，感覚，知覚，運動，記憶等々とは異なり，現実の指示対象をそれよりもレベルの高い（＝メタの）現実，すなわちイメージ，記号，言葉等々へと置き換えることで，新たな現実（メタ現実）を作り出すのである。したがって，「表象の獲得によって開けた世界と表象の獲得以前の世界」[同前：161]とのあいだには，発達上大きな差異が見出される。私たち人間にとって経験したこと（指示対象）を外的世界とは分離して，外的世界とは独立して心的次元で再−現前化することは決してたやすいことではないのだ。

　表象という心的作用から見ると，3歳未満の頭足類身体は未だ知覚や運動などに囚われていて，経験したこと（指示対象）を心的に蘇らせることは不可能である。頭足類身体では未だ，自己の身体（肉体または胴体）を所有しておらず，せいぜい鏡像段階を通して獲得した視覚的レベルでの他者の身体，および他者化した自分の身体を所有化することが関の山であり，自らの心的次元で経験したことを再現することは不可能なのである。また，3歳未満の幼児は，未だ表象を自らの動作と分離することができない，すなわち十全な意味で表象を形成できないがゆえに，常に，自己の表象を具体的な動作の中へ投影しようする。具体的にいうと，子どもが言葉を発する際には，常にしぐさや動作や指さしが補完として加算される。ワロンは表象の出現に際して動作やしぐさが分離されないことを「投影的段階」[Wallon, 1956=1983：145-146]と呼ぶが，表象が自律するには，シンボル操作能力を要するのだ。

　ところで，ワロンによると，表象は一般に誤解されているように，運動的な適応や視覚的適応の進展によって生み出されるわけではない。運動的な適応はともかく，一見，表象は可視的，視覚的なものであることから，視覚的適応の結果として自然に生み出されたように思われる。ところが実は，意外なことにも，表象の発生には姿勢機能の働きが決定的な影響を及ぼすのである。

　加藤を敷衍すると，表象という心的世界がいま，ここの現実世界に縛られずに，その世界を超えていくためには，「行為主体と外界との間に時間的な隙間（待ち）

や空間的な距離ができるところに，表象発生の契機を求めなければならない。それを可能にするのが姿勢機能なのである。そして，表象の発生の契機は，姿勢機能の二重性にある。」[同前：168]

一つは，「緊張性の活動（activite tonique）」[同前]，すなわちワロンの発達論で最も独創的な概念である「トーヌス」であり，「身体内での，身体内に向かう活動（自己塑型的活動）」[同前]である。もう一つは，「身体が位置する状況に応じた活動」[同前]であるとともに，「対象への外的運動を調節して支える活動」[同前]である。

つまり，姿勢機能の二重性は，「外界を志向しながらすぐには運動となって解消しない"外界を反映する内面"＝表象を生み出す条件となる。」加藤がいみじくも述べるように，「閉じつつ開く」[同前：169]という姿勢機能の，相矛盾する二重性は，表象の発生には不可欠なのである（表象の形成過程は，模倣のそれと軌を一にするが，この課題は本書の目的を超えていることから，これ以上の言及は避けることにする）。

このように，表象（作用）は，表象主体が自発的，意図的に現実世界において経験した指示対象を内的，心的次元において再現前化する，すなわち創造（再創造）する能動的な作用であり，しかも，再－現前化されたもの（＝所記）が別の何か（＝能記）へと代理されることを意味することから，表象主体は，その別の何かという新しい現実（イメージ，記号，言葉等々）を操作して，保持するができるようになる。その意味で，自らの身体を未だ所有できていない３歳未満の頭足類身体は，表象以前の世界，すなわち，いま，ここにある現実世界を端的に生きられていると考えられる。３歳未満の頭足類身体が表象主体になるためには，十全の姿勢機能が生理的に成熟するまで――特に緊張活動（トーヌス）を習得するまで――待たなければならないのである。

補説　３歳未満の頭足類身体と統合失調症質の頭足類身体の関係
　　　――プロタクシスとパラタクシス

　筆者は，３歳未満の頭足類身体へ回帰する病は，統合失調症であり，その典型的な症状が，自己の境界の液状化，滑り落ち，メルトダウンであり，自己の他者／世界への流出であり，究極的には，自分の存在の否定であると考えている。あるいは，このように病的な頭足類身体は，統合失調症を契機としなくても，麻薬や覚醒剤を使用するなど何らかのきっかけで自己と自己以外のものが溶解（融解）することで，内界（私性）と外界の区別が消失・消滅する可能性がある。

　一般に，統合失調症，または統合失調症質（スキゾイド）は，人間の主体が統合力が著しく衰退するときに生じる。正確にいうと，主体の統合力が著しく衰退すると，統合失調症の多様な言語的症状が生じることになる。つまり，通常のコミュニケーションで中心的な役割を果たしている「統合する」力が衰えると，究極的に言語の解体と自己の解体，すなわち統合失調症の症状として知られる特徴と一致したそれが生じるのである。正常・正気と異常・狂気とは，コインの裏表のように張りついており，しかも両者の境界は単に程度の差にすぎないことから，私たちが何らかの契機で統合力を失い，異常・狂気の世界に入り込むことは，何ら不思議なことではないのだ。

　ところで，人間の主体の統合力について，精神医学者，H.S.サリヴァンは，記号の発達過程論を提示することを通して解明している。サリヴァンによると，「その三つの態様とは，プロトタクシス的 prototaxic，パラタクシス的 parataxic，シンタクシス的 syntaxic（models）の三つである。……この三つの態様は本来的に事象の“内的”加工 elaboration にかかわるものである。……この三つの態様の差異は，個人の，事象との接触が，それにつづいて受ける加工の量と質の違いとにある。」［Sullivan, 1953=1990：33］。

　ここで筆者がなぜ，サリヴァンの統合力に関する三つのモードを取り上げたのかというと，それは，プロトタクシスという原始的，初期発達的モードと，パラタクシスという病理的モードが，各々，３歳未満の頭足類身体と，その頭足類身体が回帰する統合失調症の病理的な頭足類身体に対応していることに気

づいたからである。シンタクシスは，正常な大人の主体の統合力のことを意味することから，とりわけ，プロトタクシスとパラタクシスの関係が重要になる。

順次，各々の特徴を見ていくことにする。

まず，「プロトタクシス的態様」とは，原始的態様における体験であり，未分化な全体性の体験である。それはまた，生まれたばかりの赤ん坊が体験するように，全感覚的な生物体の，環境との相互作用に関連した瞬間ごとの状態の離散的（非連続的）系列とみなすことができる。

次に，「パラタクシス的態様」とは，未分化な全体性の体験がその各部分，相異なる側面，異なる種類の体験が，場合によって偶然一緒に起こったり，起こらなかったりするような体験である。ただ，この場合，体験する主体（幼児）の中で論理的に関連づけられず，結合されることもない。言い換えると，この体験では，さまざまな体験が互いに共起的に生ずると感じられるだけであり，何らかの秩序にしたがって諸体験が結合しているという認識が未だ欠落している。この体験は，その時限りの，関係のない，さまざまな存在状態の束とみなされる。

このように，個体発生の見地から「パラタクシス的態様」を理解することは困難であるが，それを系統発生の見地から理解することはそれほど難しいことではない。科学哲学者，P.K.ファイヤアーベントは，アルカイックな絵画様式が「並列的集合体（paratactic aggregate）」であることを具体的事例によって示している。すなわち，「ライオンに半分呑み込まれている子ヤギの絵がある。ライオンは獰猛に，子ヤギは温和に見え，そして呑み込む行為は，ライオンであるものと子ヤギであるものの表現に単純に付け加えられている。われわれは並列的集合体と呼ばれるものに出会っているわけである。すなわちこうした集合体の要素はすべて同等の重要性を付与されており，それらの間の唯一の関係は継起であって，どんな階層もなく，どんな部分も他の部分に従属しているものとして，あるいは他の部分に決定せられたものとして表されることはない。絵は読まれている。すなわち，獰猛なライオン，温和な子ヤギ，ライオンが子

ヤギを呑み込むことだ。」［Feyerabend，1975=1981：318］，と。

　つまり，この，三つの要素は，並列的かつ対等に存在しているのであって，「従属的体系（hypotactic　systems）」［同前：320］ではないのである。この知見は，私たちにとって理解が困難な幼児に特有の，記号体験の「パラタクシス的態様」を示唆しているといえる。あるいは，それは，ラカンのいう「ばらばらに寸断された身体像」と重ね合わせることができる。

　最後に「シンタックス的態様」とは，記号（特に，言語）に基づいてさまざまな体験を意味づけ，秩序化する体験である。このタイプの意味や秩序化は，人間同士の合意によって確認され承認された象徴活動となる。

　こうして，サリヴァンの定式化する，「プロトタクシス」→「パラタクシス」→「シンタクシス」という記号発達とは，「統合力」の発達にほかならない。シンタクシス的態様に到達した成人であっても，統合失調症に陥ることによって，それ以前の発達段階の，パラタクシス的態様，さらにはプロトタクシス的態様に退行（回帰）することになると考えられる。

　ところで，パラタクシス的態様やプロトタクシス的態様に退行（回帰）すると，すなわち統合力が衰退すると，どのような事態になるのか。もっといえば，それが衰退した人物からみると，どのような世界が立ち現われてくるのか。つまりそれは，本来，「図」として位置づけられるべき私的なコンテクストから生じる私的な連想関係が「地」としての社会的習慣的なコンテクストから生じる社会的習慣的な連想関係との関係を見失って，「地」と「図」の区別のない全体を支配してしまうことになると思われる。そのため，安定した社会的習慣性から孤立して，人間は自己を支えるものを見失った不安を感じ，その不安が周囲に対する漠然たる不信感を生み出す。それは，統合失調症患者特有の被害妄想となって発現する。すなわち，その症状は，記号（イコン・インデックス・シンボル）の私的な連合関係が突出して社会的習慣的連合関係との統合が不能になったことに起因する。また，メタファーが衰退して，字義通りの意味にしか解釈できないのは，メタファーにおいて関係づけられるべき二つの連辞の

視点が固着してしまい，連合の軸における社会的習慣的連想との統合によって結ばれなくなるためであると考えられる。さらに，「言葉のサラダ」といわれる症状は，連合の軸における統合が衰退して，私的連想が連辞化して，一見して何のつながりもないような言葉がつながって出てくるためだと考えられる。いずれのケースも，人間にとって荒涼たる心象風景であることが理解されよう。

　前述したように，筆者はこれまで，一般に解離性障害といわれている精神疾患について研究をしてきたが，統合失調症が自己と他者／世界とのあいだで起こる自他未分化の状態の病，したがって気の病いだとすれば，こうした自他未分化の状態の病理がベースにあって——つまり，一次的なものとして——解離性障害が起こるのではないかと現在は捉え直している。解離性障害は，「見る自己／見られる自己」という自己の離隔と二重性の病いであるが，そのことはまた，解離が3歳未満の頭足類身体における自他未分化の状態をベースに起こる精神病理であると考えられる。

Ⅳ．発達初期の母子関係とケア
——「過程身体」から「抑圧身体」への側面援助

1．メタ身体論の導入

　本章では，ケアの中でも人間の発達初期における母子関係（養育者－被養育者関係）について発達心理学や人間科学などの知見を総合したメタ身体論（社会学的身体論）の立場から論述する。メタ身体論の立場からすると，人間（子ども）の発達過程は，各発達段階での主要な他者（キーパーソン）とのかかわりの中で「第三者の審級」（価値規範）を形成・内面化していくものと捉えることができる。

　では次に，メタ身体論の基本概念について記述するとともに，その記述によって人間（子ども）の発達過程の理路を述べることにする。

　誕生後まもない乳児にとって世界はどのように立ち現われるのであろうか。そのことについて乳児は，海馬の欠如をはじめ記憶力が未成熟であるため，脳科学の知見に依拠することはできない。したがってここでは，さまざまな人間諸科学を総合した，大澤真幸のメタ身体論（社会学的身体論）の立場から誕生直後の乳児の生活世界およびその展開過程を記述することにしたい。平たくいうと，メタ身体論（社会学的身体論）とは，個々の身体同士のコミュニケーションから超越性（超越的身体性）が生成し，社会的な意味や規範が確定していくプロセスについて記述する理論である。つまりそれは，本来，物質的かつ内在的な身体が，意味と規範の超越的秩序を生成・解体する機序について記述すること，すなわち社会・国家の発達のプロセス（小部族から国家への進展のプロセス）を記述することを目的としたものであるが，その論理構成の同型性において，それは，子どもの精神発達へと適用・応用することができると考えら

83

れる。社会・国家の発達が系統発生だとすれば，子どもの精神発達は個体発生に対応する。ここでは，両者の発達プロセスを概観しながらも，主に乳幼児の精神発達のプロセスについて記述していくことにしたい。

ところで，大澤は，乳児の原初的な生活世界を記述する上で，初発に次の概念群を用いている。「原身体性」，「求心化作用／遠心化作用」という対概念（「志向性」），「過程身体」，「抑圧身体」である。こうした主要な概念から派生してくる副次的な概念についてはその都度提示することにして，乳児の原初的な生活世界の記述を開始したい。

まず，「原身体性は，外的に対峙すべき一切の対象を持たず，あらゆる知覚・感覚器官を未活性状態においた全一的・前差異的な世界である。」[大澤真幸，1990：18]。わかりやすくいうと，乳児が自らの身体を活動させるところのベースとなる出発点であり，乳児にとってただ生きられている渦中のものである。あらかじめ述べると，「原身体性」は，「志向作用」を介して「過程身体」，そして「抑圧身体」へと発達していくところの端緒である。大澤は「原身体性」を感覚遮断などの操作によって人為的に「物質と同化し，外界へのあらゆる選択的な関与（指示）を未活性状態においた，……内在性の極点」としての「身体の境位」[同前：18]だと退行的，遡及的に捉えているが，ここでは発達心理学的文脈においてこの概念を捉えることにする。

こうした「原身体性」の段階では，乳児にとって自分と他者，身体とモノの区別・差異さえ一切ない，まったく未分化の状態にある。乳児の生活世界は，すべてのものが未分化なのである。

ところが，誕生後まもなく，こうした未分化な生活世界の中に「志向作用」が出現してくる。ここでいう「志向作用」とは，意識が何らかの対象に向かっていることを指す。哲学でいう，「意識は何かについての意識である」というのは，「志向作用」のことである。「身体は，志向作用の発動に伴って，事象を今この座にある身体の近傍に配列させた相（地平構造）で把握するような自己中心化の働きをもっている。この働きを我々は求心化作用と呼ぶ」[同前：

26-27]。「また，このとき『近傍の中心』となった身体上の点を『志向点』と呼ぼう。」[同前：27]。いま，これらの概念を用いて，乳児の立場から記述し直すと，乳児は身体上の特定の一点としての「志向点」から「志向作用」の対象となる事象——発達初期では他者とモノは未分化であり区別されない——を自らに対するものとして配列する，と表現することができる（この配列は後に，遠近法的な配列・配置へと発達するところのベースとなるものである）。

これに対して，「志向作用が把持する事象がそれに対して存在しているような志向点を他所へと移転させる操作のことを，我々は遠心化作用と呼ぶ」[同前]。「遠心化作用」についてまず確認すべきことは，それが「求心化作用」という身体の能力を前提とするものだということである。つまり，「身体は志向点を空間内の任意の場所へと拡散させることができることになる」[同前：27]のである。個体発生論的には——発達論的には——，まず，「求心化作用」，そして「遠心化作用」となる。もっというと，「遠心化作用」とは，まず身体が「求心化作用」を通して「求心点」を中心に配列した世界を超えて，すなわち「求心点」が作り出す生活世界の「外部」に「求心点＝自分」とは異なるもう一つの能動的な点（「求心点」に対する「遠心点」）を見出し，その「遠心点」が「求心点」そのものを「他所へと移転させる操作」もしくは作用のことなのである（「求心点」と「遠心点」をあわせて「志向点」と呼ぶことにする）。

このように，「志向作用に伴うこの二重の双対的な操作——求心化－遠心化作用——を，同時的・同権的に作動させている身体の状相を，我々は『過程身体』と呼ぶことにしたい。過程身体は，志向作用を空間のそこ・ここに現出させる動的な流れのようなものである。……過程身体は求心化－遠心化作用の目的なき戯れを生きるのである」[同前]。「過程身体」は，「求心化作用」と「遠心化作用」の「目的なき戯れ」，すなわち両作用の幾度にも及ぶ反復（反復の頻繁化＝絶えざる入れ替わり）を生きられるのである。

乳児の生活世界が豊かなものへと進展していく契機は，この，「求心化作用」と「遠心化作用」といった，「原身体性」の水準にあった身体では考えられな

85

かった動態的な流れにある。乳児の生活世界は、「求心化作用」および「遠心化作用」によって区別・差異化されることを通して複雑なものへと変貌する。

　ところで、「過程身体」について再度、確認しておきたいことがある。大澤が示す、乳児（6ヶ月男児）がレモンのすっぱさを知覚するという例、すなわち、この男児が半割のレモンを舐めてすっぱさを感じた後、3分してから他者がそのレモンを舐めようとしたとき、男児はすっぱそうに顔をしかめ口をすぼめた、というものであるが、この場合、この男児の「身体は、遠心化して、〈他者〉の身体が存在するあの位置において、すっぱさを覚知し（自らを〈他者〉と同化させ）、直ちにこの体験の帰属場所を求心的に反転させ、『自らの身体』のあるこの位置における覚知として、感受してしまっている」［同前：43］ということである。ここで重要なのは、この男児の「身体にとって、あの身体の位置（遠心点）における体験と、この身体の位置（求心点）における体験とは、互換的で区別のない、基本的に同一なものとして、明証的に覚知されてしまう」［同前］という点である。つまりこの場合の男児は、「遠心点」における体験＝「求心点」における体験、すなわちレモンにすっぱさを感じるといった、まったく同一の体験にすぎない。もっというと、「過程身体」にあっては、自分の体験も他者の体験も同じものと覚知されるのだ。「過程身体」において、「求心化作用」と「遠心化作用」が生活世界をうつろうというのはその謂いである。私たち大人は、「求心化作用」を基準に「遠心化作用」を派生的に捉えがちであるが——他者（の体験）への感情移入、もしくは推論——、乳児が生きられる「過程身体」においてこうした区別・差異は未だないのである。

　そして、「求心化作用」と「遠心化作用」との絶えざる反転、反転の幾度にも及ぶその結果、複数の「志向点」にとって共通の志向対象が生活世界の中に立ち現われてくる。「遠心化作用」は、予見し得るように、他者の萌芽——正確には、事物・モノと区別された存在としての他者——なのであるが、「ある志向作用は、この身体（求心点）に帰属すると同時に、共起しているあの身体（遠心点）＝〈他者〉にも帰属するものとして、励起してしまう」が、「この

86

とき，同じ一つの志向作用を共属させている複数の身体（〈他者〉達）の間の差異は，まさにこの共属性ゆえに無関連（無意義）化するから，それらの複数の身体達はひとつの間身体的な連鎖の内に連接されてしまう」［同前：50］のである。こうした「間身体的連鎖」を通して乳児の身体は，共通の志向対象を見出す。正確には，「乳児の身体は，『間身体的な連鎖』の内部に組み込まれつつ活動している」［同前：51］のだ。

　「乳幼児に見られる共鳴的な同調反応やそれに類する諸反応においては，『乳幼児の身体』と〈他者〉の身体が，一つの志向作用を共有しつつ世界に関与するものとして，一種の間身体的な連鎖を樹立している」［同前：52］のである。発達心理学の知見が示す，「共鳴的な同調作用（シンクロニー）」，「泣くことの伝染」，「体位の受胎」，「嫉妬」等々，この頃の発達画期に見られる「間身体的連鎖」の例示には事欠かない。大人の場合，その代表は「雰囲気」である。

　ところで，「間身体的連鎖上で同時に顕現し感受されている〈他者〉達の数が十分に大きく，かつそれら〈他者〉達に帰属しているものと感受されている異和的な志向作用の強度と対象を弁別する性能が十分に高ければ，……志向作用の対象が，……間身体的連鎖に組み込まれているどの特個的な志向作用に対しても自らの恣意的な改変から独立したものとして現前することとなるはずだ。」［同前：58］。要するに，「間身体的連鎖」を成す身体（志向点）の数が十分多いこと，志向作用の強度と弁別性能が十分高いことといった条件が備わっているとき，「個々の志向作用を言わば代表する，ひとつの抽象的な志向作用が存在するかのような錯視が生じることだろう。このとき，この抽象的な志向作用の帰属点となる半ば抽象的な身体が，擬制されることにもなるはずだ。」［同前：60］。この「抽象的な身体」には，個々の身体（「過程身体」）にとってあたかも超越的身体が存在するかのように立ち現われることにより，そこに帰属するものとして「規範と呼ばれる妥当な状態を選択する操作」［同前］が成立するのである。

　このように，「規範の選択性が帰属せしめられるこのような抽象的な身体の

座」を大澤は「第三者の審級 the instance of the third person」［同前：61］と呼ぶ。それは「ある範域の（集合をなす）身体達の妥当な（可能的・現実的）志向作用のすべてを代表しているものとして現われる超越的な志向作用の帰属場所となる，多少なりとも抽象的な身体の存在場所，のことである。」［同前］。そして，「第三者の審級を占拠する抽象的＝超越的身体が，過程身体の求心化－遠心化作用が顕現させる身体達の集合を代表するのみであるような場合，その抽象的＝超越的身体を『抑圧身体』と呼ぶ」［同前：62］のだ。

　以上のように，大澤のメタ身体論を敷衍しながら，身体が活動するベースとなるところの「原身体性」から「志向作用」を通して「過程身体」，「間身体的な連鎖」を経由して「抑圧身体」へと展開していく機序を記述してきた。ここまでのメタ身体論的記述を図示すると，図Ⅳ－１ようになる（89 ページ）。

　図Ⅳ－１について説明すると，①は，生まれたばかりの乳児にとって世界（モノや他者）がどのように立ち現われてくるのかを「求心化」で示したものである。矢印で示した「求心化」作用が点線になっているのは，乳児にとって世界の立ち現われが不鮮明であることを示している。その後，乳児が成長することで，②に示されるように，モノや他者を「見る」という「求心化」作用が明確化になってくる。と同時に，乳児は外側にあるモノや他者によって「見られている」という「遠心化」作用を感じ取る。ただ，この段階の乳児にとって，こうした「見る－見られる」，すなわち「求心化」と「遠心化」は癒合していることから，「見る＝見られる」という視覚的錯認が成り立つ。こうした自他未分化もしくは身の相互交換は，身体の両義性，すなわち「触れる」と「触れられる」が相互反転することに基づいている。その後，乳幼児は，特定の養育者（母親）をはじめ，身近な，多くの大人と身の相互交換を享受することで「間身体的連鎖」を形成する。乳幼児にとって「間身体的連鎖」は増大するが，その中で乳幼児にとって特定の身体（図中では「対象Ｃ」）が登場する。この対象Ｃは，乳幼児にさまざまな規範を課す（付与する）ものであり，それを乳幼児は受け入れることで自らが「過程身体」から「抑圧身体」へと変容する。

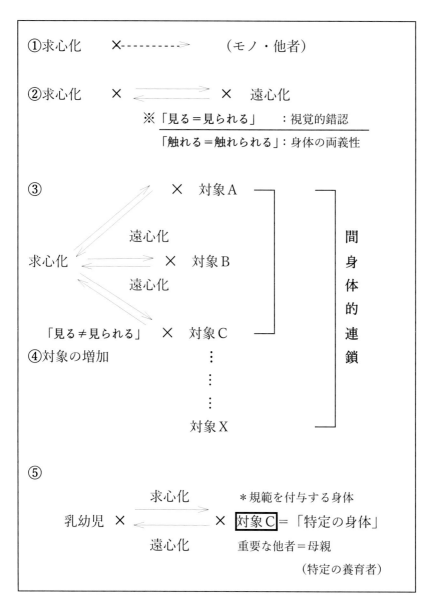

図Ⅳ−1　過程身体から抑圧身体へのメタ身体論的記述

乳幼児は「抑圧身体」になった後，「集権身体」を経て「抽象身体」へと変化していく。次に，この，きわめて抽象度の高いメタ身体論に肉づけを施しながら，第三者の審級の形成過程・段階を論述することにしたい。あらかじめ「過程身体」，「抑圧身体」，「集権身体」，「抽象身体」といった第三者の審級の形成過程・段階を，系統発生（小部族から国家への進展のプロセス）と個体発生（子どもから大人への個体発達のプロセス）という両面からまとめた図IV−2を示すことにする。

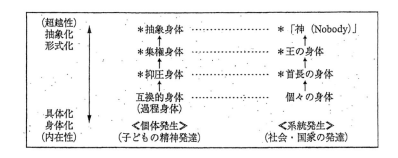

図IV−2　　第三者の審級の形成過程

２．第三者の審級の形成過程・段階

　あらかじめ，メタ身体論の立場から述べると，子どもの精神発達のプロセスは，超越的審級が形成される，原身体的平面上での「過程身体」，または「互換的身体」の生成に始まり，最初の超越的審級としての「抑圧身体」の形成，次に「集権身体」の形成を経て，最終的に「抽象身体」の確立へ到ることになる。したがって，子どもにとって第三者の審級は，その精神発達のプロセスに応じて順に，「抑圧身体」，「集権身体」，「抽象身体」という三つが形成・確立

されることになる。見方を換えると，第三者の審級からみる限り，子どもの精神発達は，(1)「過程身体」から「抑圧身体」形成までの段階，(2)「抑圧身体」から「集権身体」形成までの段階，(3)「集権身体」から「抽象身体」形成までの段階，といった三つの段階に分けることができる。

　ところで，大澤は，こうした個体発生における規範形成のプロセスをイメージ化しやすくするために，J.ピアジェの発達心理学的知見を補助線にしている。すなわち「発達心理学的には，抑圧身体の投射にいたる過程を，ピアジェの『感覚運動期』に，抑圧身体を前提にする活動を，『前操作期』に，集権身体を前提にする活動を，『具体的操作期』に，最後に抽象身体のもとにある活動を，『形式的操作期』に対応させて考えると，わかりやすい。ただし，重要なのは，……そこに内在している論理の形式である。」[大澤真幸，1990：ⅸ]，と。規範形成のプロセスとピアジェの発達心理学的知見を重ね合わせながら，前述した三つの発達段階を順次みていくと，次のようになる。

　まず，(1)「過程身体」から「抑圧身体」形成までの段階は，自他癒合的な状態，もしくは自他未分化な状態を示す「感覚運動期（0〜2歳）」から，自他分離的な状態でありながらも，規範と恣意の境界が未確定な状態に留まる「前操作期（2〜7歳）」への移行期となる。次に，(2)「抑圧身体」から「集権身体」形成までの段階は，未だ規範の形成されていない「前操作期」から，行動レベルでのモノや言葉の保存観念が獲得され得る「具体的操作期」（7〜11歳）への移行期となる。最後に，(3)「集権身体」から「抽象身体」形成までの段階は，「具体的操作期」から，認識レベルでのモノや言葉の保存観念が獲得され得る「形式的操作期」（11〜12歳以後）への移行期となる。ここでピアジェのいう「具体的操作期」と「形式的操作期」の決定的な相違およびその相違が意味することは，重要である。ピアジェは，具体的操作期において行動レベルでの保存観念が獲得され，形式的操作期において認識レベルでの保存観念が獲得されることを実証したが，この相違を子どもの言語発達について当てはめると次のようになる。すなわち，具体的操作期では，子どもの中で言語が行動レ

91

ベルでしか保存され得ない，すなわち定義にしたがってその意味が固定され得ず，状況に応じてその都度変化するのに対して，形式的操作期では，子どもの中で言語が認識レベルで保存され得るのである。子どもの精神発達にとって言葉を言葉だけで定義し得るか否かといった言語の理念的同一性（言語規範）の確立は，最も重要な事柄であり，この相違は，「子ども（児童生徒）」と「大人（教師）」を分かつ基準だとさえいえる。ここではピアジェの発達心理学的知見を，子どもの，言語に対する認識発達の度合いを捉える指標としてきた。というのも，第三者の審級の形成と確立が，何よりも言語発達と相関するからである。

　以上のことから，第三者の審級からみた，子どもの精神発達（特に，言語発達）のプロセスが三つの段階として確定された。繰り返すと，これら三つの段階とは，(1)「過程身体」から「抑圧身体」形成までの段階，(2)「抑圧身体」から「集権身体」形成までの段階，(3)「集権身体」から「抽象身体」形成までの段階，である。

　いま，これら三つの段階を現実の人間関係，すなわち前述した教育的コミュニケーションに各々対応させて見ると，子どもにとって第三者の審級への投射対象は，順次，身近な大人（両親，特に母親），教師（広く，教育者），他の生徒たち（正確には，生徒たちから成る学習や自治の共同体）になると考えられる。繰り返すまでもなく，これらの人たちやモノは，第三者の審級を代理する者，すなわち子どもにとって超越的他者（＝外部）となり得るものである。正確にいうと，彼らはいずれも，子どもにとって教育的コミュニケーション成立の根本をなしている超越的な規範や権威の投射対象となり得るのである。

　以上のことをまとめると，子どもの第三者の審級（コミュニケーション能力）の発達過程は，次の三段階から成り立つ。なお，第三者の審級の発達過程は各々，三つの教育的コミュニケーションに対応している。

　まず，(1)「過程身体」から「抑圧身体」形成までの第一段階は，コミュニケーションへの導入段階であり，それは，「母親－幼児」関係の中で幼児に第三

者の審級が芽生える段階である。

　次に，(2)「抑圧身体」から「集権身体」形成までの第二段階は，伝達的コミュニケーション（授業型コミュニケーション）の段階であり，それは，「教師－生徒」関係の中で生徒にとって教師が第三者の審級そのものに擬せられる段階である。

　続く，(3)「集権身体」から「抽象身体」形成までの段階は，普遍的コミュニケーションの第三段階であり，それは「教師－生徒」関係の中で生徒にとって第三者の審級がすでに確立されているため，むしろ自治共同体のコミュニケーションといった生徒同士のあいだで第三者の審級（ルール）が内面化され，抽象化される段階である。

　さらに，三つの段階を各々詳しく述べると，次のようになる。

　第一段階では，未だコミュニケーションそのものに不慣れな幼児が，両親（特に，母親）や周囲の大人に対して第三者の審級を直感（予感）していくと思われる。つまり，幼児は身近な母親との関係の中で第三者の審級を感じ取り，母親をその志向対象としていく。ただ，「保存」の観念がまったく確立していない幼児においては，たとえ，この第三者の審級を一旦投射することができたとしても，それを行為の面でも，対象の面でも，保存することはできないといえる。だからこそ，学校に入る前の幼児においては，幼児の中で第三の審級はせいぜい芽生える，または芽生えつつあるとしかいえないのである。この段階の教育的コミュニケーションがしつけや体罰（あるいは，心罰）といった権力（アメとムチ）をともなわざるを得ないのは──その是非はともかく──，幼児が第三者の審級を形成することができないことに起因する。ただ，小学校に入学する直前の子どもでは，多かれ少なかれ，すでに重要な養育者（母親）を第三者の審級の志向対象とし，彼らを権威ある存在として承認していると考えられる。

　学校教育との関係において子どもの精神発達を記述する上で最も重要なのは，この第二段階である。この段階では，家庭教育，主に両親とのコミュニケ

ーションを通して一定のコミュニケーションを行えるようになった子どもが，児童生徒，すなわち「学校の子ども」として学校文化に参入していく。なかでも，学校生活の大半を占める教科の授業を通して児童生徒は，伝達的コミュニケーションを学習していく。そしてその過程を通して，児童生徒は身近な教師（担任）との関係の中で第三者の審級を感じ取るだけでなく，さらにその教師自身を第三者の審級の投射対象としていく。ただ，子どもは，すでに両親（母親）を第三者の審級の投射対象として承認しているため，教師に向けての投射，すなわち権威の承認は，円滑に遂行されることになる。学校教育に特有の，伝達的コミュニケーションの段階において，子ども（児童）は教師を超越的審級そのものに擬せていくのである。ただし，前述した「保存」観念との関係でいうと，教師を超越的審級の投射対象とする発達画期の子ども（小学校低・中学年の児童）では，未だ行為的レベルでの「保存」観念しか確立していないため——ピアジェの具体的操作段階に対応する——，超越的審級といった価値の保存が困難であると思われる。そのため，子ども（児童生徒）は幾度も幾度も，教師に向けて超越的審級の投射を行わなければならないと考えられる。

　続く第三段階では，子ども（児童）は教師を介して超越的価値規範を形成しており，また，生徒同士のあいだでは超越的審級（規則・ルール）が内面化され，抽象化されている。このように，超越的審級を「内面化＝抽象化」した最後の段階で初めて，生徒はその場限りの発話場を超えて，純粋に言語だけに基づく，共同での事柄の認知・理解を行い，そうした事柄における一致を共通の指向対象（ノエマ）としながら，相互活性化的なコミュニケーションを行うことができる。具体的には，生徒は討論やディベートを交わすことができる。いいかえると，生徒同士のあいだでこうしたコミュニケーションができるのも，言語だけを頼りとしながら，共通のノエマを話し合うべき価値あるものとして選択し，それを彼らが対象レベルで保存することができるからである。したがって，この段階では「言語＝認識」的なレベルでの「保存」観念が成立しているという意味で，ピアジェの形式的操作の段階に対応する（ただそれでも，「コ

ミュニケーション能力」に長けた——すでに形式的操作段階にある——大人同士の討論においてさえ，気づかないうちに，言語によって規定された「議論対象＝主題」が変更されていたり，ずれていたりすることが少なくないといえる）。そして，この場合，生徒にとって新たな超越的審級となり得るのは，自分自身がそこに帰属することになるところの生徒集団（自治集団）である。したがって，この発達画期の生徒にとっては，自分からみて《外部》の存在（「超越的」審級），すなわち権威の対象となる集団（共同体）そのものとのかかわりや，その集団の代表としてのリーダーとのかかわりが重要な関心事となってくる。

　このように，私たち（子ども）はさまざまな媒介者（キーパーソン）を介して順次，第三者の審級を内面化していくが，最後の段階，すなわち「抽象身体」の確立の段階で初めて，私たち（子ども）はその場限りの発話場を超えて——前述した「保存観念」の十全の確立を通して——，言語だけに基づく，共同での事柄の理解を行い，そうした事柄における一致を共通の指向対象（ノエマ）としながら，「合理的＝普遍的」コミュニケーション，たとえば議論や討論などを交わしていくことができるようになる。言葉だけに基づく普遍的なコミュニケーションは，共同して真理を生成することが目指される。そして，言語規範を基盤としながら，社会規範の形成・確立が目指されるのである。

　本書では，初期発達において幼児が母親（重要な養育者）を通して第三者の審級の形成（「抑圧身体」への移行）をしていくプロセスのみを詳述していくことにしたい。

3．「過程身体」水準の乳児と母親の側面援助
——頭足類身体としての過程身体

　前述したように，本書は，「過程身体」から「抑圧身体」へという発達初期の母子関係，特に乳幼児に対する養育者（母親）のケアに焦点を当てて論述するが，その前に，人間の発達初期である「過程身体」が乳幼児にとってどのよ

うなものかについて，頭足類身体論の立場からみていくことにする。

　ここでいう頭足類身体論とは何かというと，それは，次の通りである。人間の場合，脳が十全に発達する前に出産されざるを得ないため，生まれたときの乳児は「ばらばらに寸断された身体像」（ラカン）の状態にあり，それを一時的に解決するために，鏡像段階を通して視覚的レベルでの「身体像＝可視的身体としての自己」を獲得するが，それでも３歳までは自画像として幼児が描く頭足類画からわかるように——視覚的レベルでの自己像の確立はともかく——，未だ胴体（肉体）を所有しないまま，自他未分化の世界を生きられることになる。このように，３歳未満の幼児が自他未分化（自他融合）の状態を生きられる身体のことを，「頭足類身体」と呼び，それを発達のグランド・セオリーから捉えた理論のことを「頭足類身体論」と呼ぶ。つまり，頭足類身体とは，頭足類画から判断して３歳未満の乳幼児が未だ自らの身体（肉体）を所有しておらず，その結果，頭足類身体は独特の——実は，ホモ・デメンス（錯乱したヒト）とでもいうべきあまりにも人間らしい，もしくは「逃走／闘争」反応を起こす，動物としてのヒト以前の人間にだけ特有の——他者／世界了解のモードを有している。実は，統合失調症やスキゾイドは，３歳未満の生きられる頭足類身体への回帰（退行）だといわれるように，元来，頭足類身体は常軌を逸したものなのだ。３歳未満の「過程身体」の大半は，こうした生きられる頭足類身体の体験や行動と重複するものである。したがって，メタ身体論というきわめて形式論的な立場から設定された「過程身体」を頭足類身体論の立場からヴィヴィッドに捉え直すことが必要である。しかも幸いなことに，３歳未満の生きられる頭足類身体の様相は，ワロンの『児童における性格の起源』の中で詳述されていることから，次に，同書を手がかりに，生きられる頭足類身体，すなわち乳幼児が自己の身体を所有していないことから，自己の身体の一部を三人称化し，いわゆる他者化（他性化）する体験や行動をみていくことにする。繰り返すと，幼児が頭足類身体としての「過程身体」を脱するのは，３歳以降の人間，すなわち自己の利益を求め，自己感情によって自他を区別し，自立を

96

始める，動物としてのヒトになってからなのである。

（1）3歳未満の頭足類身体とその発達特性

　筆者が知る限り，ワロンが執筆した『児童における性格の起源』は，3歳未満の幼児の発達過程を活写した労作であり，最も優れた発達心理学の研究書である。同書は，3歳未満／3歳以降を人間の発達上の大分水嶺と考えていることから，3歳未満の頭足類身体の発達過程を精緻にかつヴィヴィッドに記述したものと捉えることができる（本節は，Ⅲ章ですでに論述したことと重複するが，ここでは母子関係および母親の役割について論述することから，必要上，乳幼児の精神発達およびそれを示す具体例を再度，論述した）。

　ワロンは同書の中で3歳未満の子ども（幼児）の発達画期を身体意識の分化に沿って，「第一段階：誕生から3ヶ月まで／第二段階：3ヶ月から6ヶ月／第三段階：6ヶ月から 12 ヶ月を経て3年まで」［Wallon, 1949=1970］と三つに区分している。ここで発達画期の区分の基準となる身体意識の分化とは，幼児が自らの手足を自己自身の一部分だと認識して，すなわち外部環境とは分離された自己所有物だと認知して，その手足によって世界とかかわっていくことを意味するが，想像するに，発達初期の子どもの場合，自らの手足でさえ，自分の所有物であるどころか，他者とみなしている。

　とりわけ注目すべきなのは，ワロンの発達画期の区分のうち，「第三段階：6ヶ月から12ヶ月を経て3年まで」である。

　結論から述べると，ワロンは，「自分を他人からはっきりと区別して認めかつ振舞うことは，3歳からやっとはじまる」［同前：209］とか，「子どもがまわりの人や自分が入っている状況の中から自分の人格を抜き出して優位に置くことができるようになるまで，すなわち3歳くらいにならないと，埋め合わせられない。」［同前：220-221］と述べている。そして，自己が独立した（自律した）自己，あるいは個体としての自己を確立するのは，狭義の感情，すなわち統制（制御）された感情（狭義）を形成してからとなる。生物（ヒト）とし

ての人間の場合，自己（私）が自己（私）として十全に成立してくるのは，感情（狭義）が生成してからとなる。3歳を過ぎて幼児は，自らの個性を発揮し，親に反抗するようになるが，そのベースにあるのは感情（狭義）である。前述したように，感情，正確には，自己感情は，個別としての自己と，個別としての他者やモノとの境界を形成するのである。自己感情が形成されてこそ，動物としての自己自身は個体性を有するのだ。感情（狭義），または自己感情は，人間の性格や人格のコアを形成するのである。それ以前は，この後すぐに論述するように，情動が幼児を支配する。

　裏を返せば，3歳未満の幼児は，身体意識が未確立であり，自己の身体（肉体または胴体）と他者／環境の分離がなされていないわけである。ただそれでも，ワロンが述べるように，6ヶ月を過ぎた時期から幼児の中で身体意識が急成長を遂げる。特に顕著な発達は，他者認知である。「初めの半年が過ぎると，他の人間に対面しての反応が最高の頻度に達する時期がやがてくる。……7〜12ヶ月の間に，他の人に向けられた運動反応の見られる率は始めの6ヶ月の間より4倍も多くなり，2年目に見られる頻度の3分の1を超える。」［同前；218］。

　このように，ワロンは，幼児が誰彼なしに他者に対して反応を示したり応対したりすることを子どもの社会化の原初だと捉え，「見さかいのない社交性」［同前］，もしくは「混淆的な社交性」と呼ぶ。つまり幼児は，誕生後6ヶ月を過ぎてからようやく，他者を発見するのである。また，8ヶ月を過ぎてから，喃語も豊富になってくるという［同前］。社交性の発達と，喃語，すなわち言葉は正比例の関係にあると考えられる。

　もっと重要なことは，幼児が他者を発見するこの混淆的な社交性の時期に，この発達画期に特異の他者関係（対人関係）を形成するということである。ワロンは，この時期に特異な他者関係を「嫉妬」と「同情」に代表させている。6ヶ月を過ぎてから，正確には誕生後7ヶ月経ってから，幼児は自己と他者の区別が曖昧な状態の中で，すなわち自他未分化の状態で他者を発見するのであ

る。この場合の他者は，人間特有の，もっといえば，ホモ・デメンス特有の，人間的な他者であって，動物が見出す他者ではない。また，3歳以降の，個体としての性格・人格が見出す個体としての他者でもない。それは，個体以前の，すなわち性格・人格形成以前の他者なのだ。とはいえ，私たち人間は誕生後，6ヶ月を過ぎた頃に，動物（ヒト）以前の他者を発見するのであり，それは，自己の性格・人格が未確立の状態，すなわち自他未分化の状態で見出す絶対的な他者である（個体としての自己が個体としての他者を発見する場合の「他者」は，相対的な他者となる）。

　しかも，幼児が自己自身を確立していない状態において，こうした他者（絶対的他者）を発見するベースには，情動がある。感情（狭義）が発生する以前の感情（広義）は，普通，情動と呼ばれるが，ワロンにおいても情動は，自他未分化の状態の発達画期において発現するものである。情動は，自己が明確な他者認知をする以前の状態の中で駆動する自己の感情（狭義）なのだ。少し考えればわかるように，たとえば幼児が激しく怒ったり笑ったり泣いたりすることは，周囲の人たちの心を動かしたり揺さぶったりする。つまり情動そのものは，その表出の仕方自体が人々に影響を与えるという意味で，すでに社会的なものなのである。3歳未満の幼児が情動に駆動されるとともに，こうした幼児の情動が周囲の人たちを動かすことからみて，この時期の幼児において情動が主役であることは相違ない。幼児は情動を通して全面的に周囲の人たちの中に溶け込んでいるため，自己と他者を区別することができない状態にある。だからこそ，他者は個体としての他者ではなく，絶対的他者として出現するのである。

　では次に，3歳未満の幼児にとっては，絶対的な他者の発見の契機となる，「嫉妬」と「同情」についてワロンの事例を参照することにしたい。

　まず，混淆的な社交性の時期における嫉妬は，「自分と他人の混同の結果としてのみ可能なのである。見ている者は，見ている者でありながら受動から能動に移る。彼は相手の中に自分で生じさせたものを見，自分がわざわざ相手に

与えた苦痛によって自分の心を怒らせかきみだすのである。」[同前：227]。

　この嫉妬の論理にしたがうと，嫉妬の具体例は次のようになる。たとえば，A子がB子を殴ったとする。普通であれば，理由はさておき，怒るのは殴られたB子の方である。ところが，この場合，A子は殴ったB子の中に怒りを見出し，B子に与えた苦痛に対して自ら怒ることになる。

　反対に，ある幼児は知人から褒められているにもかかわらず，自分が褒められているのではなく，隣の友だちが褒められたと思い込み，残念がる場合もまた，嫉妬に相当する。

　次に，同情について例示するが，これについてワロンは多くの例を挙げている。

　まず，2歳の頃の未分化な同情の例は次の通りである。

　ある幼児は，紙から子どもの面を切り抜くのを見ていて，下手にやって首が取れてしまわないかと心配して大泣きした。

　ある幼児は，ビスケットを2つにわるのを見て汎心論的な感情移入をして，「ビスちゃんかわいそう」といい，木材が燃えおちるのを見て「木かわいそう」と言った。

　ある幼児は，紙の人形の手を1つ切ってみせると泣いた。[同前：238]。

　また，ワロンは幼児が棒切れを玩具に見立てることを同情という現象から次のように説明している。

　「子どもが思ったりほしがったりするものと現実との間では，おとなにおけるよりもはるかに区別があいまいであり，子どもの心を領した思いや表象は，何でも最初に出くわしたものを以て自分の意を得たものとすることができる。逆にいえば，何であろうと彼の興味をよぶ実物のイメージを呼び起こすことができる。棒切れも馬になり，布片も人形になる。彼はそれが本物に似ているかいないかは気にかけない。……これに加えて，彼は具体的な表象しかもてない

ということがある。そこでただの四角が家となり，ただの円がお母さんとなる。」
［同前：240］。

さらにワロンは，言語についても同情が起こると捉え，次のような例を挙げている［同前：240-243］。

　ある幼児が「しいしい」というのは，おしっこがしたいとき，小さい女の子が着物をまくるのを見たとき，お皿から水がこぼれるのを見たとき，である。こうした比喩表現が出現するのは，順に，自分，他人，物体の動きの場合であるが，その理由は，三つの事柄を混同しているからである。

　また，「おっぱい」というのは，自分が飲みたいこと，他の子どもが飲みたがっていること，その子どもに乳をやるように母を促すことというように，三つの事柄を兼ねている。

　さらに，「いたいいたい」というのは，その子どもが痛かったとき，人形の足が壊れたとき，椅子が壊れているとき，お母さんの唇におできができたとき，叱ったり叩いたりする意味での場合，人が足が痛いと言っているのを聞くと自分の足を示す場合を兼ねているのである。

　ある幼児は，これこれの物にさわってはいけないという言いつけを自分で思い出すようになった。彼は両親を叩くのを止めるようになったが，叩きたくなると彼は，「たたいちゃだめ……ちゃん！」と言った。したがうことと禁止とがまだ本当の関係においてわかっていない。彼は明らかに一方から他方に移って行き，まるで自分が二つの位置に分かれているようで，まだその二つを一つの自主的禁止にまでもってくることができないようである。

　このように，同情という堺象は，幼児が同一の言葉を「自己，他者，物体の動き」や「助ける者，助けられる者」等々といった各々異なる文脈において使用することを示すものである。3歳未満の幼児は，自由自在に他者や物体などになれるのである。裏を返せば，3歳未満の幼児は確定した自己を持たないの

だ。そのことに関連してワロンは，３歳未満の幼児の場合，「『私（je）』は，たまたま一定の状況に条件づけられてあらわれていたにすぎない。もっともよく見られることは，自分を指して三人称で呼ぶことである。もっとも，そうするのは親が子に向かって話すのをまねしているだけでもあろう」［同前：243］と述べている。幼児は母親らによって「私」という呼び方を教えてもらったから，その慣例にしたがって自己自身のことを「私」と呼ぶだけである。むしろ３歳未満の幼児は，自己のことを三人称である他者（他人）で呼ぶことが普通である。つまりこの時期の幼児は，自己と他者の区別が曖昧であり，自己を他者化，すなわち三人称化しているのである。

　また，３歳未満の幼児が体験する面白いエピソードとして次のような事例がある（なお，この事例はすべて，３歳未満の幼児に相違ないが，年齢の低い乳児も含まれている）［同前：185-189］。

・足を手にとってみたり足指をいじったり口にもって行ったりする。
・ある幼児は，人形に自分のくつ下をはかせようとして，足と頭をとりちがえた。
・ある幼児は，指を外物のように取り外そうとする動作をした。
・ある幼児は，片手を一方の手で押さえつけて，遂に痛そうな顔をしている。
・ある幼児は，ビスケットを，お母さんたちにやろうとするのと同じように，自分の足に何度もやろうとして，足指がそれを受けとるだろうとおもしろがっていた。
・ある幼児は，バルコニーの上からふくらはぎをかざして外をみせてやろうとした。また同様に，庭の小石を動かして石に新しいものを見せてやろうともした。

　ワロンが指摘するように，３歳未満の幼児は，自己を外界（モノ）と同列に扱い，自己を他者化，もしくは三人称化するのである。つまりそのことは，自

他未分化の状態での自己の捉え方を意味する。このことに関連して，ワロンは次のようにまとめている。

　「かくのごとく子どものアニミズムは，自分の身体と外界とを同じように取り扱かわしめる。これは，彼が外物を自分の自己感覚から外へ決定的に追い出し，身体を自我のうちに実質的に統合するという解決法ができる以前の，折衷的解決法である。しかしはじめは，体の各々の器官を個々にそれと認めるに際しては，それらをただそれぞれ並列することしかできないでいる。」[Wallon, 1949=1965：189]。

（2）頭足類身体の原論理

　ところで，東久部良は，これまで記述してきた事例のように，3歳未満幼児の頭足類身体が，次のような原論理を有していると述べている[東久部良信政，1978：19ff.]。ここで「原論理」とは，アリストテレスの論理学以前の論理，すなわち形式論理学が生成してくるところの原初としての論理（「『原』論理」）のことを意味する。

　頭足類身体の形式論理以前の「原」論理は，次に示すように，形式論理学の同一律，排中律，矛盾律といった三律を逸脱する「私は私でありかつ私は私ではない。」という命題式から「私は，私以外の他物や他者になることができる」という命題式へと漸次，拡張される。

　いま，最後に示したこの命題こそ，頭足類身体の原論理，すなわち生きられる頭足類身体の様態を端的に示したものである。つまり，3歳未満の生きられる（幼児の）頭足類身体は，「私は私でありながら，私は私ではない。」である以上に，「私は私でありながら，私は私ではない。」ことによって「私は私以外の何か（＝他物や他者）になることができる。

　さらに，私は私以外のあらゆるものになることができる（＝何にでもなれる。）」のである。「私は他の何かになる。」ということの内実は，Aは～A，すなわちA以外のB，C……Xになることができるのだ（「～」は否定を表す）。

総じて、「私は何にでもなる。」これはいわゆる変身の論理である。

「私は私でありかつ私は私ではない。」
↓
「私は私でありかつ私は私以外のあらゆるものである。」
↓
「私を私以外のものである他物や他者に変転させる。」
↓
「私は私でありかつ私は私でない。つまり私は，私以外の
　他物や他者になる（＝変転させる）。端的には，私は何
　にでもなる。」

　ところで，ワロンの幼児の事例をすでにみたように，幼児は常に他の何かに
なりつつ，さまざまなドラマを繰り広げている。特に，頭足類身体を生きられ
る幼児の場合，自己と他者の区別は不分明であり，自己はすぐさま自己以外の
何ものかになる。もっといえば，自己は他者に変身する。彼らはまさに，頭足
類身体を生きられているのだ。
　たとえば，自分の左手を太郎君，自分の右手を花子さんと言って，二人に会
話をさせた幼児は，自分が同時に太郎君と花子さんになることで一人二役をこ
なしている。また，自分が大切にしている人形にジュースを飲ませようとした
が，自分がそのジュースを全部飲んでしまい，人形に残念だと言わせつつ，自
分自身も悲しい顔をした幼児の場合，自分が自分でありながら，人形になって
人形の立場から残念な思いを語らせると同時に，その様子を見ている自分自身
も悲しいという感情を共有している。こうした複雑なケースでなくても，前述
したように，幼児はビスケットが割られたり，木材が燃え落ちるのを見て，本
当にかわいそうだと思う。この場合，幼児はビスケットや木材になっていて，
その立場からかわいそうだと感じるのだ。

このように，3歳未満の頭足類身体は，自らの身体（肉体）を所有していないことによって，原論理で示される自己が自己以外の何ものかを生きられるとともに，独特の他者／世界の了解を行う。というのも，未だ身体（肉体）を所有していていない頭足類身体は，他者／世界了解の拠点として確固とした意識および自己意識を持たないことから，何ものかを認識・理解するとき，その何ものかへと融即（＝自己と自己以外のあいだに仕切りのない，相互的な溶け込み合い）・没入により，いわば無意識に一体になることで，それを端的に認識・理解するからである。

繰り返し強調すると，頭足類身体は，頭足類画のように，頭と手足のみを描くことからみて，自らの身体（肉体）を所有していない。自らの身体（肉体）を所有していない人間は，個体，および個体の中核となる人格・性格や感情を十全に所有しておらず，その分，いわゆる透明な存在として他者／世界の中へ直に入り込む（潜入する）ことができるのである（ただし，これは能力以前の傾性というべきものである）。

以上，3歳未満の頭足類身体の原論理を提示してきたが，この原論理こそ，東久部良のいう「私性の論理学」の基準となるものである。この場合の「私性」とは，「『私』の個体発生史的様態」［同前：7］を意味する。要は，私が私として生成（発生）してくるその都度の様相の謂いである。この「私性」という言葉が理解しづらいと感じるのは，私たちが「私」を実体的なものとして固定的に考えてしまうからである。

東久部良が展開する私性の論理学は，前述した頭足類身体の原論理を基準に据えたものであるが，それは，頭足類画に見られる「身体の所有の否定」が「論理の否定」に繋がり，そして，この二重の否定を介して，日常の形式論理（日常私性）からそれ以前の原論理としての「非」日常私性，さらには，その基底の原論理以前の「未」日常私性（未生世界）へと遡及していくことになる。いま述べたことを簡潔に示すと，次のようになる（なお，「∧」は「かつ」を，「¬」は「否定」を各々示す）。

日常私性	P＝真	
	～P＝偽	
非日常私性	P∧～P	真（絶対真）
	¬（P∧～P）	偽（絶対偽）
未日常私性	P∧～P	真（絶対真）
	¬（P∧～P）	偽（絶対偽）

　個体としての「私」が「個体」としての「他者」とかかわるようになるのは，幼児の中に性格・人格や感情・自己感情が形成される３歳以降になってからである。この頃になって幼児は，自他未分化の状態を脱して自他分離・主客対立において他者を認知するとともに，自然に他者を巻き込むような情動ではなく，知性によって制御される感情および自己感情によって他者とかかわるようになる。そのため，３歳を過ぎた頃から幼児は個体としての性格・人格，総じて個性を強調するようになる。いわゆる反抗期への移り変わりである。

（３）「過程身体」に寄り添う母親の意義

　以上述べたきたように，「過程身体」は，生きられる頭足類身体としてあまりにも人間的な体験や行動を自由奔放に展開するのであった。それは広義の遊びというよりも，狂気または狂いに匹敵する。つまり，３歳未満の幼児においては，自他未分化の状態での，他の何ものかになる（＝変身する）ことや，自他融合の状態での，自他交換（身の相互交換，ひいては微笑の相互性）等々，「過程身体」の自由奔放さが人間存在として大いに肯定される必要がある。その一方で，そうした自由奔放さを母親によって絶対肯定され，受容され，的確に応答してもらう必要がある。３歳未満の「過程身体＝頭足類身体」こそ，人間が動物（ヒト）としての自立を要請される前に，他の動物にはない人間の特性を堪能すべき発達画期なのである（そのことを唯一，理解していたのは，発

106

達心理学者のワロンである)。

　ここで再度，強調すると，メタ身体論でいう「過程身体」と，3歳未満乳幼児の生きられる「頭足類身体」は，ほぼ同じものであることから，これ以降，「過程身体」に「頭足類身体」を代入した上で，論を展開していきたい。つまり，「過程身体＝頭足類身体」なのである。

　ところで，よくよく考えてみれば，私たち人間にとって3歳未満の発達画期は，人間にとって重要であるにもかかわらず，それだけでは，子ども(幼児)は少年や青年を経て大人になることができない。つまり，3歳以降に独自の感情・認知モードを身につけて，自他未分化の状態を脱して，個体としての自己，すなわち自分自身の性格・人格を形成すると同時に，こうして動物として自立し始めた，個体としての自己が，個体としての他者とかかわることを要請されるのである。自己が，個体としての他者とかかわることは，社会性を身につけることを意味する。具体的にいうと，3歳以降，幼児は家庭を一次的テリトリーとしながらも，漸次，保育園・幼稚園，さらに地域社会へとテリトリーを拡大するとともに，そこでさまざまな人たちとかかわり，関係を結ぶ中で，社会性を習得していくのである。

　ただ，幼児は3歳になった途端，社会性を身につけるわけでない。社会性を習得する前に，前述したワロンの「混淆的な社交性」のように，生後6ヶ月の頃から自他未分化の状態で絶対的な他者とかかわりを持ち始めるのである。こうした発達初期の社会性に影響を与えるのは，いうまでもなく，母親である。すでに述べたように，母親は幼児を「過程身体」から「抑圧身体」へと移行させるために，日々，ゆっくりとさまざまな規範を幼児に押しつけていく。そのやり方は，幼児から見て規範が押しつけにならないように，時間をかけてソフトになされる。つまり，母親は幼児の「過程身体」を「抑圧身体」へと移行させるために，幼児の「過程身体＝頭足類身体」と時間をかけて戯れたり交流したりする中で，さまざまな状況でさまざまな規範を教え込むのである(性急に規範を押しつける場合，幼児は母親の言いつけや命令を守らないはずである)。

このように，母親は，幼児の身体水準を「過程身体」から「抑圧身体」へと時間をかけて移行させることになる。そのことは，家庭乳児とはまったく異なる生育環境に置かれている乳児院と比較すれば，より一層明らかになる。集団生活の規則が多い乳児院のような施設では，担当保育士が乳児院乳児の身体水準を「過程身体」から「抑圧身体」へと引き上げることは至難の業である。というのも，担当保育士は世話をする乳児院乳児に対して，「過程身体＝頭足類身体」を許容することができず——ましてや一緒に享受するどころか——，正反対に集団生活の規則や規範を文字通り押しつけ，性急な形で「抑圧身体」へと仕立て上げる可能性が高いからである。

　こうして，家庭乳児の身体は「過程身体」から「抑圧身体」へと向かうが，まず，「過程身体」，次に「過程身体」から「抑圧身体」への移行（途上），そして「抑圧身体」形成後というように，三つの段階に分けた上で，各々について，家庭乳児と養育者（母親）の関係から捉えることにする（なお，ここでは反復を避けるために，すでに詳述した頭足類身体についての言及は極力行わないものとする）。

　まず，「過程身体」において乳児の身体が幾度にも及ぶ相互的なかかわりを行う中で身体（身）の相互交換（互換）を行う対象は，重要な養育者，特に母親の身体である。「過程身体」の段階では，「遠心化作用」によって乳児が母親になり，母親が乳児になるといった身の互換が常態化する。そして，こうした幾度にも及ぶ身の互換を通して，やがて乳児は自らの身体を「母親の身体＝第三者の審級」に投射していくことになる。裏を返せば，乳児の身体は「過程身体」という発達時期を十分やり遂げた上で，「抑圧身体」へと移行していくとき，「過程身体」への固着が起こらず，母親とのあいだに「抑圧身体」が円滑に生成されることになる。母親が乳児に対してあまりにも早く（幼いうちから）自立することを要請してしまうと——「過程身体」から「抑圧身体」への移行が性急すぎると——，かえって「過程身体」への固着が起こる可能性がある。むしろ，乳児の身体は「過程身体」から「抑圧身体」へと一方向的に向かうわ

108

けではなく、「過程身体」と「抑圧身体」を行き来すると考えるのが普通である。自立礼賛や甘え・依存の禁止などの極端な育児方針をとらない限り、大半の一般家庭では、乳児の身体は母親とのかかわりの常態化を通して「過程身体」から「抑圧身体」へと円滑に移行していくはずである。

　ところが、母子関係以外の事柄が原因となって「過程身体」への固着が「抑圧身体」の擬制を困難にするケースがある。このケースは、ごく普通の一般家庭では乳児の身体が「過程身体」から「抑圧身体」へと移行していくことを逆照射していることから、次に示しておきたい（乳児院乳児のように、重要な養育者が不在のケースは除く）。

　イギリス在住の一卵性双生児、ギボンズ姉妹は、標準以上の知的能力や言語能力を持っていた。にもかかわらず、この姉妹は、両親や兄弟を含むすべての他者（＝第三者）に対してまったくコミュニケーションを行うことができなかった。ところがその一方で、彼女たちのあいだでは完全な会話が成立していたという［Walles, 1986=1990］。この双子のケースは、姉にとっての妹と、妹にとっての姉が等しくなる（姉＝妹）ため——姉と妹が互いに互いの鏡もしくは汝－汝関係となるため——、第三者に開かれる余地がないと考えられる。ここで第三者に開かれるというのは、社会的な関係が形成され得ないことを意味する。この実例はかえって、第三者の審級（「超越的身体」もしくは「抑圧身体」）が基本的なコミュニケーションを社会的コミュニケーションへと進展させていく——子どもを社会的な存在へと発達させていく——重要な発達媒介となることを示している。

　この双子の姉妹は、"二人ぼっちの世界"、すなわち自他未分化な「過程身体」の水準で自足していたのである。こうした「過程身体」への固着はかえって、自分たち以外の他者（＝第三者）とのかかわりを拒絶してしまうのだ（正確には、こうした他者との直接的な関係を必要としないわけだ）。これは双子の場合であったが、これと同一のことが母子関係で起こるとすれば——「母子密着」、「母子カプセル」と表現されるように——、乳児は「過程身体」への固

着および「抑圧身体」（の擬制）への移行困難が起こらないとも限らないのである。「過程身体」から「抑圧身体」への移行は，すべての乳児に約束されている必然的な発達過程ではなく，あくまでも確率的な——誤解を恐れずにいえば，偶然の——事柄なのである。

4．「過程身体」から「抑圧身体」への途上の乳児と母親のケア

次に，「過程身体」から「抑圧身体」への移行（途上），すなわち「抑圧身体」の形成の当初においては，「過程身体」の水準で乳児と母親の身体が幾度も互換する中から，乳児の身体でも母親の身体でもない，いわゆる第三の身体が生成されてくる。そして，乳児はこの第三の身体としての超越的身体を母親の身体として重ね合わせるのである。このとき，乳児にとって「抑圧身体」は未だ確立されておらず，乳児の身体は現前する「超越的な第三の身体＝母親の身体」と「間身体的連鎖」を織り成す。超越的身体が目に見える（現前する）以上，乳児に対する影響力は小さく，その身体が強いる規範は個別的で脆弱なものにすぎない。見方を換えれば，「第三者の審級」となる超越的身体は，現前する母親の身体と同一では決してないのだ。

ところで，乳児の身体にとって母親の身体が目に見える「超越的身体」であることは，一般的にいわれるように，乳児にとって母親の影響力のあるテリトリー空間が安心してくつろげる居場所になることを意味する。乳児の身体は，母親の身体によって覆われるこのテリトリー空間の圏内に居る限り，たとえ乳児が規範の声によってさまざまな指示や命令を強いられるにしても，安全は保障されるのだ。裏を返せば，このような母親の身体と重なり合っているテリトリー空間の圏内から外に出てしまうと，乳児は不安や恐怖を覚える。たとえば，乳児は自らの視界から母親の姿が消えてしまうと，泣き出したり慌てふためいたりするのは，そのことの証左となる。乳児の身体は母親の「超越的身体」の圏内に居る限り，事物と身体，自己と他者は安定した意味や秩序を保持するこ

とができるのである。乳児の身体は，「過程身体」から「抑圧身体」への途上において，母親の見える「超越的身体」と重なり合うことによって，その圏内で起こるすべてのことは意味のある世界となるのである。「超越的身体」の圏外は，乳児にとって闇の世界にすぎない。「超越的身体」の圏外へと連れ出すのは，父親または父性の役割であって，父親は幼児（子ども）をこうした安全な居場所から外へと連れ出す仕事を担うことが考えられる。父親の唯一の役割とは，幼児（子ども）が未知の体験，たとえば自然・闇・野生の体験へと誘う媒介者となることである。

　そして，乳児の身体は，全生活において母親の身体との濃密な互換を通して，さまざまな「超越的身体」と重なり合っていく。こうした重なり合いの頻繁化・豊富化は，乳児に規範の形成を確固としたものにしていく。やがて，乳児の身体は母親の身体を「第三者の審級」として投射し，「抑圧身体」の水準へと移行するのである。

　こうして，乳児は「抑圧身体」の確立に向かうことになる。では，「抑圧身体」確立のために，具体的には，規範の声が乳児の中に生成されるために，何が必要となるのかというと，それは，次のようになる。「抑圧身体」とは，母親が幾度にも及ぶ身体の互換を通して乳児とのあいだに一種の信頼関係を形成した上で，見える超越的身体（第三者の審級）として「～すべきである」という具合に規範の声を乳児に向けて発していく。そして，こうした規範の声によって，ただ存在するだけにすぎなかった事物や身体が初めて意味を付与され，意味のある事物や身体として乳児の目の前に立ち現われるようになる。後述するように，たとえば，クマのぬいぐるみは，単なるモノから可愛らしい玩具や仲間（家族の一員）など意味を付与されたものへと変貌するのだ（ここで，モノは事物存在，ものは意味を帯びた人称的存在を各々指す）。

　やがて，乳児の身体は「過程身体」から「抑圧身体」へとゆるやかな形で移行して，「抑圧身体」を確立する。ここで「抑圧身体」を形成したか否かの基準となるのは，「過程身体」から「抑圧身体」への途上において目に見える「超

越的身体＝第三者の審級」として母親の身体に重なり合う乳児の身体が，目に見えない「抽象的身体＝第三者の審級」を投射するか否かにある。ただ，乳児の身体にとって母親の身体は特別なものであることに何ら変わりはない。問題なのは，乳児の身体が母親の身体と重なり合う中で，その身体を目に見える「超越的身体」から目に見えない「抽象的身体」へと飛躍することにある。というのも，前述したように，「過程身体」の水準において乳児の身体は母親の身体と幾度にも及ぶ親密（濃密）な身の交換を通して「超越的身体」を生成し，長きにわたってこの，一つひとつの「超越的身体」を母親の身体と重複しつつ，ゆるやかな形で「抑圧身体」を形成していくのであるが，数多くの「超越的身体」を一気に「抽象的身体」へと高めることこそ，完全な意味での「抑圧身体」確立を意味するからである。

　こうして，乳児の身体は母親の身体を通して「抑圧身体」を確立することになるが，それがうまく成立するために，母親は乳児から次のことを求められる。それは何かというと，母親が乳児がその都度のさまざまな欲求に対して，的確に応えることができるか，正確にはどのくらいの頻度で的確に応じることができるかである。乳児の一般的な生活習慣としては，授乳，おむつ交換，睡眠が基本であるが，こうした日々の生活の中で，幾度も反復される「欲求－応答」パターンが乳児と母親のあいだでうまくいくかいかないか，すなわち，乳児が泣いているとき，そのサインがお腹が減ったのか，眠たいのか，おむつを代えてもらいたいのかなどを母親が的確に判断し，迅速に対応できるか否かは，蓋然的な事柄なのである。乳児が母乳やミルクを飲んだあと，数秒間じっとしているが，これは喉を通りにくい母乳やミルクを母親に背中をトントンと軽く叩いてもらうことを待っているのだ。ただ，そのことが実現する蓋然性は，きわめて低い。

　十分な意思伝達手段を持たない乳児の世話をするとき，母親は乳児の欲求に対して，迅速に的確な判断を行い，対応しなければならない。その意味で，育児とは，乳児のその都度のさまざまな生得的な欲求に対して，迅速かつ的確な

112

対応を行うといった気の遠くなるような反復の営みなのだ。端的にいうと，母親からみて育児は回数，すなわち乳児の欲求にどれだけの頻度で的確な応答ができたかに収斂する（ここでいう乳児の欲求は，文化的なことが介在するとはいえ，主として生物的な欲求であって，過剰な欲求としての欲望を意味しない）。乳児と母親の良好な関係が形成されるには，母親が乳児の欲求に対してかなり高い頻度で的確に応答することが必要だと考えられる。

　近年，社会の複雑化にともない，育児過剰としての虐待，育児過少としてのネグレクトが多くなりつつあるが，あまりの度重なる育児の失敗は，母子関係（親子関係）の破綻につながると思われる。また，母親が乳児の欲求に対する的確な応答の頻度があまりにも低いとすれば，日々の低調な母子関係が原因となって虐待やネグレクトを二次的に生み出すことも多々あり得る。こうした場合，乳児における「抑圧身体」の擬制が遅延するその一方で，「過程身体」の水準，もしくは「過程身体」から「抑圧身体」への移行期間が長期化することになり，結果的に乳児の身体は，母親による「抑圧身体」の擬制を拒絶することになる。

　とはいえ，大半の乳児は，いつも世話をしてくれる母親を通して自らの身体を「抑圧身体」として形成していく。繰り返すと，家庭の乳児においては，「過程身体」から「抑圧身体」への移行がきわめてゆるやかにかつ順調になされることから，規範の準拠点となる「抑圧身体」を円滑にかつ自然に受けいれるのである。

5．「抑圧身体」形成後の乳児と母親の側面援助

　こうして，概ね良好といえる関係にある乳児と母親においては，母子のあいだで，親密で幾度にも及ぶ「求心化作用」および「遠心化作用」の反転によって乳児の身体は「過程身体」から「抑圧身体」へと，きわめてゆるやかな形で移行していくことになる。

113

乳児は，誕生後からいつも傍に居て自分の世話をしてくれる母親とのかかわりの繰り返しの中で，母親の具体的な身体を「抽象的身体」，すなわち「第三者の審級」として自らに規範を強いる「抑圧身体」として認知するのである。「抑圧身体」は，乳児にとって錯視的出現として形成されるのであるが，母子間において「間身体的連鎖」が概ね良好な形で形成されることになることから，「抑圧身体」という擬制は順調に進行し，そのことと入れ替わりに，「過程身体」の水準が支配的な時期は短期化する。

　ところで，乳児の身体が「抑圧身体」を内化することは，内／外，もしくは親密空間／非親密空間といった二つの空間を差別化することを意味する。前述したように，「過程身体」から「抑圧身体」への途上において乳児の身体が徐々に母親の目に見える「抑圧身体」と重ね合わせることを通して「第三者の審級」としての「抽象的身体」を確立してきたが，ここに到って「抑圧身体」が自らの内に内化されたのである。そして，乳児は８ヶ月頃，母親の身体と乳児の身体を覆う親密かつ安全なテリトリー空間の中に居つつ，非親密な外部の身体（親密でない他者の身体）に対して人見知りを行うことになる。

　しかも，「抑圧身体」における安全なテリトリー空間の内側に乳児の身体は庇護されることで，「過程身体」の水準において未分化もしくは十全ではない分化にあった乳児の身体は，事物と身体，自分と他者を明確に区別することができるようになる。しかも，こうした区別の有無は，乳児にとってぬいぐるみがぬいぐるみとなり得るかどうかを左右するのである。きわめて微細なことであるので，次に，事物と身体の区別，自分と他者の区別という順に検討していくことにする。

（1）事物と身体の区別

　ところで，未だ「過程身体」の水準にあり，「抑圧身体」の水準以前の乳児の身体にとって事物と身体は未分化なままであった。したがって，この時期の乳児とぬいぐるみのかかわり方は，前述した他人がレモンを舐めるのを見る男

児の例と同様，「求心化作用」と「遠心化作用」によってぬいぐるみそのもの
である状態と，そのぬいぐるみの表情を自らの身体でつくる状態が交互になさ
れることになる。ぬいぐるみにはそれぞれ特有の顔があることで乳児は，身の
互換によって個々のぬいぐるみの表情をつくるのだ。とはいえ，ぬいぐるみの
顔は事物（モノ）であり，変化のない，静的で無表情なものであるが，乳児の
身体はその無表情な表情をつくるのである。やがて，「求心化作用」と「遠心
化作用」の交互的な反転の繰り返しの中で，乳児は事物と身体を区別するよう
になる。というのも，乳児の身体にとって，ぬいぐるみのあの身体の位置（「遠
心点」）で感受したことを，この身体の位置（「求心点」）で再現しようとして
も，そのことが不可能または困難なあの身体の位置が，単なる事物として自ら
の身体と分離されていくからである。たとえ，ぬいぐるみのように，顔がつい
ていて，最小限の表情（無表情）を持ち合わせている事物であっても，その表
情が変化しないことから，やがて事物として乳児の身体から分離されていくこ
とになるのだ。この点を説明する概念として，ワロンのいう「体位の受胎」
［Wallon，1956=1983］があるが，それは，模倣のように，他者のしぐさに
類似したしぐさを自分の身体に再現しようとすることを意味する（近年のミラ
ー・ニューロン研究は，体位の受胎を根拠づけるものとなる）。乳児にとって，
体位の受胎のできない身体は，身体ではない事物（モノ）として分離されるこ
とになる。

　このように，乳児は自ら「求心化作用」と「遠心化作用」およびその交互の
反復，そして体位の受胎を通して身体と事物を分離するようになる。そのこと
に加えて乳児の身体は，母親の身体との間身体的連鎖の中で両者の分離はより
確固としたものとなる。具体的にいうと，乳児にとってぬいぐるみは直に対峙
するものというよりは，母親とのあいだにあるものである。勿論，乳児は母親
が不在のとき，ぬいぐるみと直接的に対峙することもあろうが，そうした機会
は多いわけではない。したがって，母親を介してぬいぐるみにかかわる乳児に
とって，事物が「志向点」とはなり得ない単なる対象だということを認知し，

115

身体から事物を分離する機会は多々あると考えられる。裏を返せば，母親を介してぬいぐるみとかかわる乳児は，そのぬいぐるみが身体を持つ生きた動物ではなく，身体を持たない玩具（事物）だと認知するために，自ら「求心化－遠心化作用」の反転を努力して繰り返す必要はないのだ。強調すると，乳児は母親との幾度にも及ぶかかわりの中で，「志向点」とはなり得ない事物を身体と分離することができるようになるのである。「抑圧身体」の水準において乳児は，身体から事物を完全に分離するようになる。

（2）自己と他者の区別

　では，自己と他者の分離・区別についてはどうであろうか。前述したように，もしかしたら，乳児にとってぬいぐるみは身体を持つ生きた動物（＝他者）として立ち現われる可能性もあると考えられる。ぬいぐるみが身体と事物，もしくは他者とモノの境界にあることから，乳児にとってぬいぐるみが身体を持った生き物（＝他者）として立ち現われるか，単なる事物として立ち現われるかは，根本的な違いとなる。ただ，「抑圧身体」の水準にあるごく普通の乳児にあっては，身体から事物を完全分離するのと同様，ぬいぐるみのような「身体を持つ事物＝他者」（事物と身体の境界となる玩具）も身体から完全分離すると考えられる。この場合，乳児にとってぬいぐるみは，あくまでも身体を有する事物として立ち現われるのだ。ところが，育児不全の家庭で育った乳児の場合，「抑圧身体」の水準に達していないことにより，事物と身体，自己と他者は分化されるのが著しく遅延するため，ぬいぐるみは単なる事物として立ち現われない可能性がある。こうした可能性の中で乳児にとって８ヶ月不安となる人見知りが始まるとすれば，ぬいぐるみは獰猛かつ怖ろしい他者として現前するかもしれないのだ。普通，人見知りは，母親という安全なテリトリー空間の中から親密ではない外部の身体（父親や他者）に馴化していく体験なのであるが，育児不全の家庭で育った乳児はぬいぐるみもまた，人見知りの対象となるのである。

　これに対して，「抑圧身体」のテリトリー空間内にいる乳児にとってぬいぐるみは，身体からの事物の分離によって身体を有する事物として立ち現われてくる。その後，乳児にとってぬいぐるみへのかかわり方を決定づけるのは，母親によるぬいぐるみの処遇である。「抑圧身体」のテリトリー空間（安全圏）内にいる乳児にとって母親がぬいぐるみを大切にしたり，家族の一員とみなしたり，ペットと同等の扱いをしたりするならば，そのぬいぐるみは乳児にとって大切な人称的な対象となる。乳児は「抑圧身体」によってオーソライズされたぬいぐるみと積極的に交流・対話を行うようになるかもしれない。

　こうして，乳児が「抑圧身体」の圏内に入ることにより，ぬいぐるみは愛着の対象となるのである。繰り返し強調すると，ぬいぐるみが乳児にとって愛着の対象となり得るのは，まず「抑圧身体」の圏内においてぬいぐるみという事物を身体から分離した後なのだ。ぬいぐるみは最初，事物として乳児の目の前に立ち現われるのである。そして，「抑圧身体」の圏内に入り込んでからぬいぐるみは，乳児にとって愛すべき家族の一員とか大切な人称的な対象となり得るのである。こうした場合，ぬいぐるみは人見知りにおける他者となることはあり得ない。

　ところで，ごく普通の家庭における乳児とぬいぐるみの関係を基準にすると，発達初期における人間とぬいぐるみの関係を捉えたもののひとつが，D.W.ウイニコットのいう「移行対象（transitional object）」であると考えられる。「移行対象」は，心理学でぬいぐるみといえば，必ず持ち出される知見である。移行対象とは，母親に絶対的に依存することで得る，乳児の全能感という「錯覚」が，しつけやトレーニングの開始を機会に「脱錯覚」され，不安や欲求不満などに苛まれるとき，乳児が母親の感覚を想起するために触れる事物のことである。移行対象となるのは，乳児は肌身離さず持っている非生物の対象，たとえばタオル，シーツ，毛布，ぬいぐるみなどである（ライナスの毛布は有名）。乳児は不安を感じたとき，これらの移行対象に触れるのだ。したがって，移行対象は，乳児が分離不安に対する防衛機制だと考えられている。裏を返せば，

117

移行対象は，精神分析の概念なのだ。こうした分離不安に対する防衛機制としての移行対象を通して乳児は，主体性や自立性や適度な自尊心などを形成していくというわけである。したがって，移行対象は，乳児の錯覚が脱錯覚化されていく——自分自身は万能ではないのだと思いつつ，現実を受けいれていく——プロセスにおける母親の代理物だと要約することができる。

　ここで筆者が注目にしたいのは，移行対象の一つであるぬいぐるみが，毛布やタオルなどの非生物の対象，すなわち事物（モノ）だということである。見方を換えれば，移行対象は，ぬいぐるみ以外の事物でもよいことになる。移行対象論においては，ぬいぐるみと毛布やタオルと同等の事物なのであって，ぬいぐるみが事物として立ち現われるか，それとも，身体を持つ動物として立ち現われるかといった問いは不要なのである。つまり，移行対象論，特に移行対象としてのぬいぐるみ（論）は，初期発達に起こる，身体からの，事物の完全分離として捉えることができるのである（裏を返せば，移行対象論ではその後の，乳児とぬいぐるみのかかわり方は論外となる）。

　しかしながら，こうした「過程身体」から「抑圧身体」への移行が性急であったり強引であったりする乳児の場合，規範を強いる「抑圧身体」（具体的には，母親）に対しては，馴染まなかったり反抗したりする。問題は，ぬいぐるみである。不幸にして，「過程身体」から「抑圧身体」へという“発達上の課題”に失敗した家庭の場合，乳児は未だ「過程身体」の段階にとどまるか，あるいは，「抑圧身体」を十全に受けいれられないかのいずれかとなる。前者の場合，乳児は，「遠心化作用」によってぬいぐるみと対峙することで，ぬいぐるみと睨み合いを繰り返すことになる。つまり，乳児は「求心化作用」によって「求心点」のここからぬいぐるみを見るとともに，今度は「遠心化作用」によってぬいぐるみの遠心点に自らを移してそこから自分を見る，そして，求心化－遠心化を繰り返すことになる。この場合，ぬいぐるみはぬいぐるみとしてではなく，自分の周辺にある事物と同等のモノにすぎないのだ。

　一方，後者の場合，乳児は，「抑圧身体」を受けいれられないことによって，

ぬいぐるみはぬいぐるみとしてではなく，身体を持つ動物として立ち現われてくる。この場合の"身体を持つ動物"は，乳児にとっては襲いかかるかもしれない恐怖の対象なのである。万が一，誰かがぬいぐるみをあたかも生き物であるかのように乳児に向けて働きかけようものならば，乳児にとってその恐怖は想像を絶するものとなろう。

　裏を返せば，乳児にとってぬいぐるみがぬいぐるみとしてまずは無難で，ときには可愛らしい存在となるためには，乳児と母親のあいだが親密であり，乳児が「抑圧身体」を受けいれていることが不可欠である。つまり，乳児とぬいぐるみのあいだに，物理的というよりは精神的に母親が介在しなければならないのだ。母親が乳児とぬいぐるみのあいだを媒介するとき初めて，乳児からみてぬいぐるみが文字通りのぬいぐるみ，ときには可愛らしい愛玩となるのである。ぬいぐるみがこうした具合に立ち現われるのは，乳児が「抑圧身体」およびその身体が強いる規範を自ら受けいれるときなのである。

　以上述べてきたように，乳児にとってぬいぐるみがぬいぐるみとして立ち現われるのは，乳児の身体がゆるやかにかつ円滑に「過程身体」から「抑圧身体」へと移行し，「抑圧身体」を自らの身体に内化することによって親密かつ安全なテリトリー空間（内部空間）を自らの居場所にすることによってなのである。このとき，乳児にとって深刻な人見知り体験の準備が整ったことになる。

　次に，3歳以降の発達課題の代表としてエディプス・コンプレックスを取り上げ，その本当の意味と，子どもに対する発達上の意義について独自の見解を示すことにしたい。

6. 「抑圧身体」形成後の乳児と家族の三者関係
　　──エディプス・コンプレックスの日常的解釈を通して

　ところで，フロイトやラカンの精神分析のモデルおよびその精神発達論という枠組みを外して，〈子ども〉－〈母親〉－〈父親〉という親子関係（家族関

係）を捉えると，「去勢」，「去勢不安」，「抑圧」などの性的な学術用語は，必ずしも必要でないように考えられる。生物学的には，まず子どもと母親の関係は絶対であり，就巣性の小型動物のように，乳児は母親のオキシトシン・システムによって保護されるのである。乳児からみて最初の他者といわれる父親は，実際にはかなり遅れて乳児にかかわることになる。つまり，乳児は発達初期において母親との二者関係を過ごし，その後，父親（他者）を交えた三者関係へと移行するのである。

　こうしたシンプルな親子関係の摂理からすると，精神分析でいうエディプス・コンプレックスやエディプス期の発達課題とは，二者関係（乳児−母親関係）が三者関係（乳児−母親−父親）へと移行し，そして，乳児（乳幼児）がこの三者関係をベースに社会的関係へと移行していくための契機ではないかと考えられる。平たくいうと，乳児からみて二者関係が三者関係へと移行する契機こそ，エディプス・コンプレックスなのだ。二者関係が，汝−汝関係という馴れ合いの閉じた関係であるのに対して，三者関係は我−汝関係という（相互に）独立した関係，それゆえに開かれた関係であることから考えると——三者関係が社会構成の最小単位になることから考えると——，乳児にとって二者関係から三者関係への移行は，まさに自己変革に値する。繰り返しになるが，母親と乳児の二者関係に父親という第三者が〈外部から〉介入することによって，乳児は母親との閉じた二者関係から抜け出し，父親という（初めての）他者をはじめ，多くの人たち（一般的他者），すなわち一般的他者の集合体としての社会とかかわりを持つことができるようになる。こうした日常的な解釈からすれば，エディプス・コンプレックスのクライマックスとでもいうべき，父親の，子どもへの去勢（脅し），すなわち性的な説明はもはや不要なのである。

　ただその前に，性的説明に基づく精神分析の立場から捉えた，エディプス・コンプレックスを図示することにしたい。それは，図Ⅳ−3（121 ページ）のように示される。

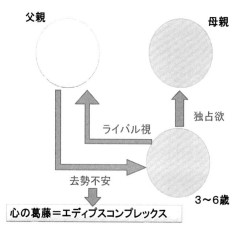

図Ⅳ－3　エディプス・コンプレックス

　反復を恐れずに述べると，まず，乳児（子ども）は，21ページで言及した「『人間モドキ＝オムレツ（Hommelette）』の神話」，すなわち母－子という「相互的ナルシス」の「双数＝決闘」関係はさておき，母親との，安寧な二者関係およびその関係を中心に展開される世界に棲息している（まどろんでいる）。ただ，日常生活を送る上で，乳児と母親のあいだに一定のルールは不可欠である。そのルールとは，母親が子どもの行動を規制するものである。具体的には，「食べ物をこぼしてはいけない」，「遊んだ玩具を片づけなさい」，「早く寝なさい」等々，二者間で適用される数々のルールである。ただし，こうしたルールは，乳児と母親の二者関係の中でのみ適用されることから，ルールの正当性（重みづけ）は欠如している。いいかえれば，そのルールは，何かを契機に乳児によって一方的に反古にされるかもしれない危ういものばかりなのだ。注意すべきなのは，そのルールが乳児によって反古にされるかもしれないというのは，そのルールそのものが陳腐だからだとか，低俗なものだからということではない。そのことが意味するのは，たとえ，どのように高尚で意義のあるルールを設定

121

しても，正統化（重みづけ）されたものではないということにおいて常に，乳児によって反古にされる可能性があるということである。

このように，母親からすると，常にルール破りをされ兼ねないルールは，どのようにすれば正統なものとして乳児に受けとめられるようになるのであろうか。繰り返すと，ルール破りが起こるのは，ルールが乳児と母親といった当事者間だけで意味のある，もしくは流通し得る規則にすぎないため，守らされる側（乳児）からすればいつでも自由変更が可能な状態にあるからなのであった。そうであるならば，乳児によって自由変更ができないようにすればよいことになる。そのためには，乳児と母親の二者間のルールに対して，第三者が〈外から〉このルールをオーソライズすればよいことになる。つまりそれは，乳児に対して不安定極まりのない二者間のルールを，絶対に守らなければならない〈ルール＝法〉へと正統化する（重みづけする）ことを意味する。その役目を担う者こそ，社会の代表としての父親なのである。父親は第三者として，乳児－母親レベルでの，水平のルールに対して，垂直のメタレベル（一つ上［メタ］のレベル）から重みづけを行う“立法者”なのである。

こうして，父親は，第三者のポジショナリティから乳児に対して母親のルール，端的には「～するな」，「～せよ」といった命令や注意などを守るように命令する者であることが明らかとなる。とはいえ，現実の父親が乳児（子ども）に対して直接，こうした命令を下すわけではない。むしろ，この場合の父親は，具体的な存在というよりも，抽象的な存在である。むしろ乳児からみて，父親が抽象的な存在というポジショナリティ，もしくは乳児－母親関係を超えたメタレベルに位置することによって初めて，ルールは正統化され得るのだ。父親は，乳児（子ども）からみて抽象という意味での「不在」であることにおいて，ルールは正統化され得るのである。

以上のことを集約したものが，図Ⅳ－4（123ページ）である。

ところで，エディプス・コンプレックスの日常的解釈にとって有力な手がかりとなるのは，ラカンの次の言葉である。すなわち，「母親が掟の審級の過程

で〈父親－の－名〉のために取っておいた場所を重んじている」［Lacan, 1966＝1972］という言葉である。このラカンの言葉を筆者なりに翻訳すると，次のようになる。すなわち，母親は，乳児（子ども）とのあいだで自らつくったルール（きわめてローカルな"掟"）に，正統なものとして重みづけを行う過程で，メタレベルの──この場合は「上位の」──，「父親－の－名」という抽象的な第三者を重んじているのだ，と。

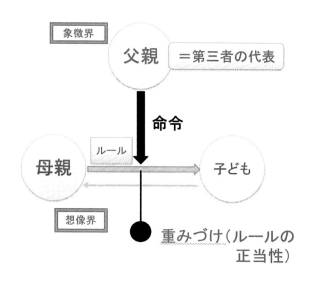

図Ⅳ－4　エディプス・コンプレックスの日常的解釈

　ここで「審級」とは，一般的には，同一の訴訟事件を上位の階級の裁判所に上訴することで，たとえば刑事訴訟事件ならば，第一審が地方裁判所，第二審が高等裁判所，第三審が最高裁判所という具合に，複数回の審議を受けられる上訴制度における審議の上下関係のことである（なお，前述してきた第三者の審級も，この「審級」を転釈したものである）。

「審級」の原義からすると，母親が子どもの二者関係の中でつくったルール（掟）が，第一審の地方裁判所だとすれば，父親が二者関係のルールを正統化した法（掟）は，第二審の高等裁判所だということになる。「掟の審級」は，審議の上下関係からすると，父親のルールの正統化（法）こそ，乳児（子ども）にとっては絶対的なものとなるのである。たとえ，二者間のルールと，父親によって正統化されたルール（法）が，たとえば「午後9時までに寝なさい」というまったく同一の言葉であったとしても，後者のルールは乳児にとって絶対的なものとなる。

　さらに論を進めると，前述したラカンのいう「母親が掟の審級の過程で〈父親－の－名〉のために取っておいた場所を重んじている」における父親が，"現実の父親"ではなく，抽象的な第三者であり，なおかつ，「父親」という「名」を母親が「重んじている」とするならば，その解釈は，母親の語る「父親という名」しか考えられないことになる。

　ここで，「〈父親－の－名〉」とは，「Name of Father」，この場合の「of」は日本語の「～という」または「～としての」であることから「Name as Father」（「父親という名」，または「父親としての名」）を意味する。また，「〈父親－の－名〉のために取っておいた場所」における「場所」とは，権威・権力が遂行される座，いわゆる抽象的な場のことを指すことから，この箇所の意味は，権威・権力が遂行される座としての「父親という名」ということになる。

　したがって，前述したラカンの言葉を要約すると，母親が子どもに自らの掟（命令・注意）を守らせる過程で，上位階級の裁判所に上訴するのと同じく，「父親という名」を持ち出すまたは語るということになる。具体的には，母親が子どもに命令や注意を守らせるとき，母親は父親の名を持ち出すまたは語ることを指している。

　たとえば，「そんなことしたら，パパに怒られるよ」とか，「お母さんのいうことを聞かないと，お父さんが怒るよ」とか，「お父さんに叱ってもらうからね」とか，ときには，この「父親という名」に父親以外の第三者を挿入して，

124

「おまわりさんに怒られるよ」,「お医者さんに痛い注射をしてもらうからね」
等々である。

　想起すれば,昭和 30 年代に幼児時代を過ごした筆者は,母親からこのよう
にして叱られていた記憶がある。また,その当時の友だちも同様の方法で叱ら
れていた。ただ,筆者の父親は自営業で自宅を仕事場としていた関係で,父親
がいつも身近に居たことから母親が叱るのに持ち出すのは,決まっておまわり
さんやお医者さんであったように記憶している。しかも,彼らにはいつも,"怖
い"おまわりさんとか"痛い目に合わせる"お医者さんのように,"怖い"や
"恐ろしい"もしくは"痛い目に合わせる"といった形容詞が付けられていた
のである。なお,エディプス・コンプレックスが起こる場面は,図Ⅳ－ 5 のよ
うに示すことができる。

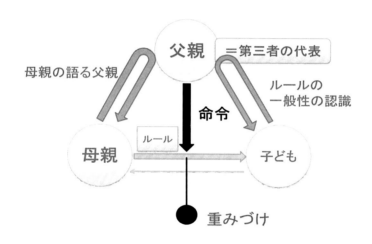

図Ⅳ－ 5　エディプス・コンプレックスが起こる場面

　こうした母親の叱り方によって子どもは,第三者（父親）の視点,すなわち

目の前にいる他者の視点を超えたメタレベル（垂直からの命令かつ上位）の視点から、母親と自分の関係、（二者間の）ルールを捉えることにより、母親と自分以外の人々にも成り立つルール、すなわち社会的ルールを意識するようになる。母親は、父親をルールを発令した重要人物として子どもに語ることにより、そのルールはより一層、絶対性・一般性を帯びることになる。そのことを契機に、子どもはルールの一般性の認識を形成するのだ。平たくいうと、ルールはいつでもどこでも遵守すべき一般性を帯びているということである。ルールの一般性を認識することは、個別のルールを認識すること以上に重要である。というのも、個別のルールが、その都度その都度守るべきものだというメッセージにとどまるのに対して、ルールの一般性の認識は、ルールとは個別のルールを超えて、いつでもどこでも遵守すべきものだというメタ・メッセージだからである（二重のメッセージ）。わかりやすくいうために、学校の教科書を持ち出すと、教科書が重視されるべき理由は、そこに書かれた内容そのものというメッセージよりも、それが教科書、すなわち国が検定を行うなどしてお墨つきを与えたものだというメタ・メッセージにこそある。この場合の教科書のメタ・メッセージに匹敵するものが、ルールの一般性の認識である。

　日常的解釈の立場に立つと、エディプス・コンプレックスは、母親が父親という名を持ち出すことを通して子どもを叱ることによって、これまでの、子どもと母親の閉じた二者関係を開かれた三者関係、すなわち社会関係へと円滑に進展していく契機、ひいては子どもが社会へと出立していく契機となるのである。日常的解釈は、精神分析とは異なり、エディプス・コンプレックスのドラマ（エディプス的課題）が遂行されるいま－ここの現場を具体的に捉えることができるという意味でも優れていると考えられる。

　最後に付け加えておきたいことがある。それは、エディプス・コンプレックスが子どもや家庭・家族（家庭的家族）に果たす役割についてである。

　本書では、精神分析のいうエディプス・コンプレックスを認めた上で、その新たな解釈の仕方を提示したが、本来、エディプス・コンプレックスそのもの

126

をその社会的背景とともに問題視すべきであると考えられる。その理由は，近代家族の乳幼児が逃げ場のない空間の中で乳幼児とのつきあいが初めてで，育児不安の強い──場合によっては感情統制の未成熟な──母親と関係を持たざるを得ない状況に置かれていることにある。近代家族では乳幼児にとって養育環境は，唯一，母親，もしくはそれに代替するたった一人の保護者（養育者）との関係によって形成される。精神分析は，こうした一対一の母子関係モデルに立脚するとともに，乳幼児が大変な情動的な負荷のもとで成長発達するという前提に立っているのである。

　端的にいうと，近代家族のフォーマットには育児不安が構造的にビルトインされているのだ。産業社会の確立に向けてこうした育児不安を制御するために作り出されたのが，エディプス・コンプレックスではなかったか。エディプス・コンプレックス自体，「去勢」という独特の概念から推量できるように，葛藤に満ちた概念であるが，実際は，近代家族が安定した家族関係へと落ち着くように仕組まれた，予定調和的な概念装置なのである。裏を返すと，精神分析はエディプス・コンプレックスを肯定しているのだ。あるいは，精神分析はエディプス・コンプレックスをオイデプス王の物語と同じように，家庭ドラマ（一定の葛藤はあっても，最後は家族関係が修復されるというようなドラマ）とみなしている。繰り返し強調すると，エディプス・コンプレックスは，近代的な家族規範（イデオロギー）を埋め込んだ近代家族を前提または背景に提示された概念なのだ。そして，近代家族は，産業社会を確立するために作り出された効率的な手段以外の何物でもない。

　このようにみると，近代家族の理念型は，三者関係（三角関係）だけであり，そこには高齢者（祖父母）のポジションが完全に切り捨てられている。もっというと，家族の範疇から祖父母は除外されてさえいる。子どもを取り巻く家族関係は，そのパーソナリティを形成する初発から高齢者との関係が断たれているのだ。

　しかも，エディプス・コンプレックスを前提とする近代家族は，夫婦の性愛

主義と子ども中心主義によって高齢者（祖父母）をはじめその他の人たちが子育てを支援するシステム（社会構造と社会構成）になってはおらず，子育てはすべて父母，特に母親の役割とされてしまう。ところが，若い父母は，これからさまざまな社会体験を通して人間としての成熟に向かう途上の存在である上に，仕事から解放されるわずかの時間の中で子どもを十全に育てることは困難であることはいうまでもない。以上のことから，精神分析が提示するエディプス・コンプレックスそのものを懐疑することが不可欠だということがわかる。

補説　マザリングとアロマザリング
　　　──3歳未満の幼児の保育・育児を中心に

　一般に，子どもは幼い頃，重要な養育者（特に母親）との密接なかかわりを支えとしながら，父親と祖父母や親戚や家族の知人をはじめ，徐々に周囲の世界に馴染み，近隣や地域社会とのかかわりを広げ深めていく。そして，保育園・幼稚園，小学校に入ると，指導者に導かれつつ，同世代の子ども同士で遊んだり学んだりする中で，母親に依存しなくても社会の中で何とかやっていけるだけの自信と力を身につけていく。このように，子どもは母親に見守られながらも，さまざまな人たちとかかわる中で少しずつ母親との関係から距離をとることで，身体的にも精神的にも成長を遂げていくものである。いま記述した子どもの成長発達の進捗状況については，多少の異なりはあるにしても，異論はないであろう。

　ところが，近年，少子社会ということもあり，子育てに熱心な母親と，その母親の思いに応えようとする子どもとのペア，いわゆる"理想的な親子"が増えつつある。つまり，母子のかかわりがあまりにも密接すぎて，互いに適度な距離感を保てず，二人ぼっちの世界に安住してしまうことが少なくない。そのことは一般に，「母子カプセル」と呼ばれている。この場合，母親がわが子を「母子カプセル」の中に囲い込むことで，わが子の健やかな成長や互いの精神

的な成長・安定を歪めてしまっていることが少なくない。子育てに熱心な母親は，自分一人で子どもを育てなければならないという信念があまりにも強すぎることから，他の人たちから孤立して子育てに専念してしまうのである。

　この点に関して，心理臨床の現場または教育保健の現場からは，エディプス・コンプレックス以前（前エディプス期）の母子関係の躓きから生じる境界性パーソナリティ障害の増加が指摘されている。要は，１歳半までに行われる母親との愛着の形成の不全（母子融合状態），２～３歳頃に進む母親との最初の分離の過程での躓き（母子分離の失敗），母親との愛着の不安定化にともなう，基本的安心感や信頼感の不全（基底欠損）である。今日の家庭における子どもの問題は，父親との葛藤に基因する家庭問題よりもむしろ，それ以前の母子関係，すなわち母子密着・融合・非分離へと変化しつつあるといわれている。以上述べたことは，筆者の考えというよりも，一般的な現状認識である（精神分析では，境界性パーソナリティ障害の原因を，原始的防衛機制としての「分裂（スプリッティング）」［M.クライン］に求める傾向があるが，筆者はフロイトの防衛機制以上に疑問を抱いている）。

　今日の母親がわが子を「母子カプセル」に閉じ込めてしまう背景には，標準家族の中に父親が不在であることが挙げられる。今日の家庭状況をみると，父親が仕事，特に残業に追われ，家族の身近にいない状況で子どもが育つ家庭の割合が著しく増加している。平成 22（2010）年の統計（18 歳未満の子どもが居る世帯，約 1,200 万世帯）の中で，母子家庭の世帯が 111 万世帯超であること（約 10 ％の世帯に父親不在）に加えて，両親が揃っている近代家族（標準）にあっても，父親が長時間不在であるため，父親の役割や存在感が著しく低下していることが挙げられる。家庭における父親の長期不在の理由として，就業時間の問題，非正規雇用形態の影響による，正規社員（大半の父親）の就業時間の増加，郊外による長時間通勤が挙げられる。その意味で今日は，父親不在社会なのだ。裏を返せば，今日の子どもの成長発達の機会は，母子関係をベースに，保育園をはじめ，子ども支援施設と学校関係に限定されているのである

（母親側の祖父母，特に祖母の支援に頼ることが少なくない）。

　以上のことから，家庭における父親の慢性的不在状況が，母親がわが子を「母子カプセル」の中に閉じ込めてしまい，わが子からさまざまな人たちとかかわり合う過程で成長発達していくという機会を阻害していることになる。

　しかしながら，"子どもが育つには100人の村が必要だ"といわれるように，子どもの成長発達の機会は，さまざまな人たちとの関係性の中にこそある。子どもは多様な人間関係の繋がりの中で育つといわれている。このとき浮上してくるのは，母親以外の個体（＝アロ）による世話を意味する「アロマザリング」である（ただし，この言葉は世話から転じて子育てを意味する）。アロマザリングが登場した社会的背景には，女性の社会進出と仕事を通しての社会的自己実現や，男女雇用機会均等法の実施と普及，男女共同参画社会の促進，すなわち，「男女が，社会の対等な構成員として，自らの意思によって社会のあらゆる分野における活動に参画する機会が確保され，もって男女が均等に政治的，経済的，社会的及び文化的利益を享受することができ，かつ，共に責任を担うべき社会」（男女共同参画社会基本法第二条）の促進が挙げられる。

　こうした社会的背景はともかく，今日の社会では，母親（女性）を中心に家族が育児を行うことよりも，社会全体で子どもを育てることが優先されつつあるのである。つまり子育ては，「マザリング」から「アロマザリング」へと移行しつつある。その典型的な表われは，待機児童問題である。それは，仕事・バイトと家事・育児の両立を目指す母親も，家事・育児だけに専念する専業主婦も，小さいときから子どもを保育園に長時間預けるようになってから起こった子ども問題である。国がさまざまな子ども支援事業を通して母親に育児が大変であることを知らしめることで，年々，母親は子どもの育児を他の養育者（その大半は保育士）に委託するようになった。いわゆる子育ての外部委託化（アウトソーシング），または社会化である。

　このように，今日の社会は，子育ての社会化であり，母親以外の人・専門家（＝アロ）が母親らに代替して子どもが小さい頃から育児を担っている（アロ

・マザリング）。アロマザリングは，一種のソーシャルサポートであり，社会全体が子育ての責任を負う支援体制なのである。

　ところで，保育研究者，萩原英敏は，このように対立する「マザリング／アロマザリング」について明確な考えを示している。萩原によると，「アロマザリングを前提とした保育を，３歳未満児に行うことの問題点」には，次の五つがあるとしている［萩原英敏，2015：13-30］。

　敷衍すると，次のようになる。

　一つ目は，今日の社会には，マザリングの重要性よりも，アロマザリングの必要性を優先するだけの要求があるということである。

　二つ目は，今日，マザリングよりも重視されつつあるアロマザリングであるが，実は，高等哺乳類の中でアロマザリングを行っているのは，0.1 ％の種にすぎないということである。

　三つ目は，母親の社会的自己実現等の欲求を子育てよりも優先することが子どもの視点を欠く危険性を有し，そのことが青年期前後の問題を発生させる可能性を高めるということである。

　四つ目は，保育現場においてアロマザリングを少しでもマザリングに近づけようと，担当制や持ち上がり制など特定の保育士が同一の子どもをケアすることが検討されているが，実際には，マザリングとアロマザリングのあいだの深い溝は埋まらない，よって実現不可能だということである。

　五つ目は，アロマザリングをマザリングに近づけようとしても，そこには，保育者の保育勤続年数の短期化という問題があるということである。

　このように，萩原は保育研究者らしく，マザリングを３歳未満児の育児の原点であると考えている。どれだけ，今日の社会がアロマザリングの必要性を称揚しても，それ以前にアロマザリングそのものが特殊な保育なのであって，人間（ヒト）と大半の動物に共通する保育ではない。ましてや，母親の立場というよりも，女性の立場からアロマザリングを希求することは，子ども不在の保育にすぎず，子どものその後の発達に悪影響を及ぼす可能性が高いものなのだ。

131

一方，保育現場で保育士などのアロマザーがマザリングに近い保育を実現しようと，保育体制を改変しても，マザリングとアロマザリングの差異をなくすことは困難なのである。

　以上のことから。萩原は３歳未満の幼児に対して，母親（重要な養育者）によるマザリングに代替して，アロマザーによるアロマザリングを行うことが実現不可能であると結論づける。筆者は，萩原の結論，すなわち３歳未満の幼児に対してアロマザリングを行わないことに賛同している。ただその理由は異なる。とりわけ異なるのは，萩原が３歳未満の幼児に対してマザリングを優先する最大の理由を，人間と動物の共通性（連続性）を尺度とした上で，アロマザリングを行う動物がわずか 0.1 ％にすぎないという自然の摂理に求めていることである。

　これに対して，筆者は，「過程身体＝頭足類身体」について詳述したように，人間の子どもが動物（ヒト）として成熟・自立し始めるのが，身体（肉体）を所有する３歳以降であって，むしろ３歳未満（の「過程身体＝頭足類身体}）の幼児では，他のすべての動物にはみられない，あまりにも人間らしい独自の他者／世界了解をするということである。３歳未満の幼児の保育にとって母親をはじめ，重要な養育者が必要不可欠なのは，母親が日常，自由奔放な，生きられる頭足類身体に寄り添い，受けとめながら，それでいて一方で，動物としての成熟・自立に向けてその都度その都度，規範（らしきもの）を幼児に付与する（ときには，押しつける）ことにある。こうした「過程身体＝頭足類身体」と「抑圧身体」とのあいだにある３歳未満の幼児に対して，その存在そのものやその（奇っ怪な）行動を受容しながらも，一方で，社会的に見て必要な規範を徐々に与えること，ひいては幼児を制御することこそ，母親をはじめ重要な養育者に要請されるのである。

　このように，その理由こそ違え，萩原と筆者は，３歳未満の幼児に対してアロマザリングをすることが危険であることについてはまったく一致している。女性の社会進出や社会的自己実現を称揚する今日の社会においては，「アロマ

132

ザリング」という言葉を使用するか否かは別にして，マザリングよりもアロマザリングを優先しがちであるが，萩原はそうした大人（女性，または母親）優先の風潮に異議を唱えている。この点は大いに評価することができる。しかも，いわゆる「3歳児神話」とも距離を置いている。さらに，評価できることは，保育士をはじめアロマザーがマザリングに近づこうとしていること，すなわちアロマザリングがマザリングと同じ保育モードを目指しているのを指摘したことである。この指摘は思いの外，重要である。というのも，社会には多様な保育があるようにみえて実は，近代家族（特に，母親）が家庭の中で行う保育・子育てが唯一のものだからである。一見，アロマザリングは保育・子育ての多様性を擬装しているが，実際はマザリングを基準にしたものが大半なのである。つまり，アロマザーもまた，自らが子どものときに母親や家族の人たちから育てられた経験を元に，すなわち近代家族が行う保育・育児を基準に対象児の保育・育児を行うのである。したがって，こうした保育・育児は，自ずと近代家族で日々行われるマザリングになるのである。裏を返せば，アロマザーがマザリングとほど遠いユニークな保育・育児を実施した場合──初めから，特別な保育方針を掲げている保育施設ならともかく──，そうした保育・育児は母親からの信頼を失いかねない。良くも悪くも，今日の社会は，マザリングを中心とする保育・育児なのである。

　副次的なことであるが，萩原は，3歳未満の幼児に対してアロマザリングを行うことが青年期前後の問題（不登校・神経性食欲不振症など）の発生の可能性を高めることを危惧しているが，そのことを論証することは困難であると考えられる。

　アロマザリングについては，父親のことも述べておく必要があろう。

　一時期，仕事を早く終えて，家事と育児に協力する父親，いわゆるイクメンがアロマザーとして子育てを担った時期があった。ところが，大半のイクメンは第二の母親を担う，いわゆる母親の代理者にすぎず，父親独自の子育てを行うことができなかった。前述したように，イクメンと同様，アロマザーと規定

される保育の専門家たちも，母親が要望・期待する子育て（育児）を行うだけの代理者になる可能性がある。それほど，マザリングという正統な保育・育児は，磐石なのである。

　萩原の場合もそうであるが，3歳以降の幼児（子ども）は，3歳未満の幼児と事情が異なる。ただ，前述したように，3歳をすぎた頃から幼児は自らの個性を他者に向けて激しく呈示し始める。いわゆる3歳を過ぎた頃に起こる反抗期である。これは，幼児が自己感情に基づいて動物としての自己をアピールするものである。したがって，反抗期の頃の幼児に対して適切に応答することができるのは，母親（重要な養育者）をおいて他にはないと考えられる。幼児の反抗期は突然起こるわけでなく，「過程身体」から「抑圧身体」を経てその直後に起こる事態であることから，幼児が呈示するさまざまな反抗や抵抗や言い返しなどに対して，これまで寄り添ってきた母親（重要な養育者）が対応する必要がある。4歳を超えた後は，母親を中心としながらも，さまざまな人たちとのかかわりの中で幼児は成長発達していくことができるはずである。

　ところで，家庭は平穏な場だから子どもはさして泣かず，保育所ではよく泣くという予想に反して，保育園に居る子どもは家庭で私人として親と居る時とは異なるモードで，いわば公人として自己コントロールしながら周囲を見て，かかわりを持つがゆえにほとんど泣かないといわれている。前述したように，保育園での保育・育児は，マザリングに準じたものだといっても，保育所という空間は幼児にとって家庭のような私的空間（プライベートな空間）ではなく，集団生活に適した公共的空間であることから，公共性に適した行動や感情表現，総じて集団にマッチングした行動・感情モードを求められる。大半の幼児は，普段，こうした公共的な空間において自己制御的な行動・感情モードをとっている。つまり，幼児は平時，周囲の人的環境から求められる役割を察知しながら，その宛がわれた役割を果たしているのだ。保育所で幼児の大半が泣かないというのは，集団生活にマッチングした自己制御的な行動・感情の表れの最たるものである。

　こうして，3歳以降の幼児（子ども）にとって，アロマザリングは一定の効果を期待することができる。たとえ，アロマザリングがマザリングの代替にすぎないとしても，母親や家族の人たち以外の他者とのかかわりは，次のように，独自の意義が見出される。

　一つ目は，アロマザリングが母親依存育児という呪縛を解き放つ可能性があることである。前述したように，今日，日本社会において母親依存育児の呪縛は根強い。したがって，保育・育児において母親だけが重要な人物だという幻想から解き放たれることが求められる。

　かつて，J.ボウルビィは次のような有名な仮説，すなわち「母親の偏重」，「幼児期決定説」，「世代間伝達説」を提唱した。総じて，それは，乳幼児期における母親の養育行動を通して愛着の質を伝達するということ，そして，そうした愛着の質を一生にわたって持続することが子どもの発達の質を決定するということである。今日の日本社会においてこうした仮説がどのくらい根強いものであるか，あるいは反対に，希薄になっているかについては調査するのは困難であるが，これら一連の仮説が今日の社会でも根強く存続していることを忘れてはならない。ボウルビィのアタッチメント理論については，次節で検討することにしたい。

　二つ目は，アロマザリングの担い手（アロマザー）もしくは実践現場として，「父親」，「血縁者（祖父母・年上のきょうだい・親戚［特に，G.ベイトソンが二重学習の機能を担うとするおじさん］）」，「保育所・幼稚園」，「小・中学校（義務教育学校）」，「乳児院および児童養護施設」，「宅幼老所（学童保育所と高齢者施設が合築された複合施設）」，「さまざまな乳幼児サークル（多胎児支援サークル等も含む）」，「小児病棟および NICU」，「学童保育所」，「放課後いきいき活動（アフタースクール）」，「養子縁組における子育て親」等々を列挙することができるが，これらのうち，誰がアロマザーにふさわしいか，またはどの実践現場がアロマザリングとして適しているのかを見定めることである。

　ところで，筆者は，すべてのアロマザリングにおいてマザリングの影響（影

は絶大であると考えている。ただ，筆者が高齢者との世代間交流（インタージェネレーション）を継続してきた立場からすると［中井，2009］，グランドマザリング仮説からグランドマザー（おばあさん）との交流がアロマザリングとして最も適しているのではないかと考えている。グランドマザリング仮説とは，進化心理学者，C.ホークスが唱えた仮説で，それは，ハッザ族のように，狩猟採集時代から高齢者，特にグランドマザーが出産した母親に代替して子育てを担ってきたことが人類の人口増加および種の保存に繋がったというものである［中井，2012］。グランドマザーはかつての母親であり，マザリングに準じた保育・育児を行う可能性が高いが，社会的な責任から免除されていたり独自の生きがい（＝人の役に立ちたい）という願望を持っていたりすることから，マザリングには回収されない独自の保育・育児を展開できるのではなかろうか。このように，世代間交流（インタージェネレーション）は，「高齢者−子ども−親」のあいだでの，単なる相互交流ではなく，高齢者がアロマザーとして子どもたちにどのようにかかわるのかというアロマザリングの観点を含んでいるのだ。

　本書では，ケアという行為の原初が母−子（養育者−被養育者）関係にあることを拠点にした。子どもが母親（重要な養育者）から受けた無償の世話は，当の子どもにとって恩・感謝となるが，その一方でそれは，負債・負荷ともなる。当の子どもが親から受けた「恩・感謝＝負債・負荷」は，自らが親になってわが子を育てたり，老親を介護したり，あるいは，他人をケアしたりすることを通して「贈与＝返済（仕返し）」されることになる。そのことによって，親から無償のケアを受けた当の子どもは，自らの名誉を回復するのだ。ケアにおいては常に，恩・感謝と負債・負荷がセットなのである。私たちはそのことを普段，自覚しないにもかかわらず，親（特別の養育者）から贈与されたケアは，個々人によってさまざまな形をとりながらも，身内と他人の区別を超えて，誰かに向けて譲渡されていくのである。その意味で，ケアは人間的なつながりの運動なのである（ケアの動態的な捉え方）。

136

　よくよく考えると，私たち人間にとってケアが不可欠なのは，乳児が母親（重要な養育者）のケアなしには生きていくことができないからなのであり，それゆえ，乳児は大声で泣くことによって母親の気を惹いたり，母親の側を離れないようにしたりするのだ。乳児は寄る辺ない無力な存在であるがゆえに，母親のテリトリーの内に居続けようとする。

　周知のように，私たち人間は，大型動物であることから，本来なら巣立ち能力（身体・運動能力）をビルトインしていて，生後すぐに親元を離れるはずである（離就性）。ところが実際には，私たち人間は身体と脳がまったく未成熟なまま生まれてくることから，小型動物のように，しばらくは巣に留まり，親に養育（ケア）してもらわざるを得ない（二次的就巣性）。このように，人間が二次的就巣性といった特別な動物であるからこそ，人間にとってケアは進化的戦略となる。

　以上のように，ケアの原初は３歳未満の子どもが母親（重要な養育者）から贈与される世話にある。したがって，３歳未満の子どもと母親（重要な養育者）の関係は絶対的なものである。３歳未満の子どもに不可欠なのは，母親（重要な養育者）による養育，すなわちマザリングなのである。ここでマザリングというのは，空腹・排泄をはじめ乳幼児が発する欲求に対して母親が的確にかつタイムリーに応答すること，すなわち乳幼児の基本的な欲求に対する母親の的確な応答（マッチング）およびこうした営為の日々の繰り返しの謂いである（つまるところ，子育ては回数なのである）。そのことを養育のベースとしながらも，それに加えて，筆者が３歳未満の乳幼児においてマザリングが重要だと考える根拠は，メタ身体論を通して解明したように，母親（重要な養育者）が「過程身体＝頭足類身体」を受けとめながら，その都度の状況に合わせて乳幼児に規範を与えることを通して，時間をかけてゆるやかな形で，乳幼児の「過程身体」を「抑圧身体」へと引き上げることにこそある。これまでマザリングの役割についてはさまざまな研究が蓄積されてきたが，筆者からみてマザリングの最大の役割は，「過程身体」から「抑圧身体」への円滑な引き上げ（社会化の

137

促進）であることに尽きる。特に，「過程身体」は，「頭足類身体」であることから，３歳未満の幼児は自分の身体を他性化しながら，さまざまな他者やモノになる。こうした生きられる頭足類身体を母親（重要な養育者）が受けとめ，どれだけ一緒にこの類いの体験を享受し得るかに，マザリングの本質がある。

　以上述べたように，マザリングは，第一次的には乳幼児の衣食住，特に空腹を満たすことや排泄することをはじめ，乳幼児の基本的な欲求に的確に応答すること（マッチング），そのことに加えて第二次的には，「過程身体＝頭足類身体」での，特異な体験を一緒に享受しながらも，子どもの「過程身体」を「抑圧身体」へと時間をかけてゆるやかに引き上げることにある。母親が乳幼児を「抑圧身体」へと引き上げることの意味は，「過程身体」からの離脱と，規範の習得に基づく社会化の促進にある。このように，マザリングは，物質的な営みと精神的な営みを包括しているのである。

　以上のように，マザリングが３歳未満の幼児にとって必要不可欠であることを認識することによって初めて，もう一つのケアであるアロマザリングのポジショナリティが確定してくる。母親以外（アロマザー）が行う養育であるアロマザリングはあくまでも，マザリングの補助的ケアである。アロマザリングはインタージェネレーション（世代間交流）など多様な形で実践されているが，すべてのアロマザリングの実践は，マザリングに代替することができない。

　また，一般的に誤解されているのとは異なり，マザリングを重視することは必ずしも「三歳児神話」を容認することを意味しない。というのも，筆者と「三歳児神話」言説では，マザリングの捉え方が根本的に異なるからである。繰り返すと，三歳未満の乳幼児は「過程身体」から「抑圧身体」への途上にある，しかも，「過程身体」は人間に特有の「頭足類身体」である（ワロンもまた同じ根拠で３歳未満の乳幼児の発達を最重視している）。

　以上のことから，マザリングとアロマザリングの相違を十分認識した上で，子どもの発達画期に応じたケアのあり方を考えていくべきであると考える。

Ⅴ．頭足類身体という遺産
——対象への没入と自他未分状態の遊び

　これまで，3歳未満の頭足類身体の非日常私性，すなわち原論理を論述してきた。その原論理は，「私は私でありながら，私は私ではない。私は他の何かになる。もっというと，私は何にでもなる。」（「Ａ∧〜Ａ」）というように私性の論理学によって示すことができた。

　では，3歳を過ぎた私たちは，こうした原論理およびそれによって繰り広げられる独自の世界をもはや生きられることがないのであろうか。それに対する答えは，そうであるとも，反対に，そうでないともいうことができる。まず，そうでないというのは，ごく一部の人たちを除いて私たちはもはや3歳未満の頭足類身体を生きられることができないということを意味する。頭足類身体を生きられるごく一部の人たちというのは，身体（身体意識）の未発達によって，自己の身体を十全に所有することができなかった者たちを指す。

　次に，そうであるというのは，私たちはごく自然にかつ短期間であれ，そうした頭足類身体を生きられるということを意味する。

1．対象への没入と無我夢中

（1）無我夢中の状態
　私たちが日常の中で頭足類身体を生きられる契機の一つとして，無我夢中，すなわち我を忘れて何事かに夢中になる（没頭する）ことを挙げることができる。私たちは，そのことに気づくことがほとんどないが，時が経つのを忘れて何かを成し遂げた経験は誰しも一度はあると思われる。こうした無我夢中の状態こそ，3歳未満の生きられる頭足類身体の再現である。むしろ筆者は，3歳

139

未満に体験した自他未分化な「（自分以外の）何かになる」ことがその後の私たちの無我夢中の状態として何度も，そしていつでも，回帰してくるのではないかと考えている。

　ところで，無我夢中の状態もしくは我を忘れること（忘却）であるが，これについてはまず，外山滋比古の忘却論が手がかりになる。

　「なにかあることに夢中になると，ほかのことは忘れてしまう。」［外山滋比古，2009：103］。

　「ものごとに集中すると，ほかのことは眼中になくなり，頭から消える。忘れてしまう。集中はもろもろの雑事を放擲，忘失することによって頭を清澄にすることができる。だらだら長い時間，勉強している者が好成績にならないのに，スポーツなどに打ち込んで，集中力を高める者が，学業でも好成績を収めるのは，集中，他事忘却，などがうまく作用するからである。」［同前：103-104］。

　外山が述べるように，私たちが経験する「忘れる」ことの中で，最も特異なのは，何かあることに夢中になること，すなわち集中もしくは没頭・没入することにより，一時的にそれ以外のことが頭（記憶）の中から消え失せてしまうというものである。外山は明言していないが，無我夢中の渦中において忘却するのは何かあること以外の事柄に加えて，否それ以上に「我」そのものではないかと思われる。その意味で無我夢中とは，何よりも「我を忘れる」という経験なのである。つまり，私たちが無我夢中である最中，私たちの自我意識が後退し，行為と意識が融合状態（主客未分の状態）にあって意識することそれ自体を省みることはない。そのとき私たちはただ内的意識に沈潜しているだけである。と同時に，私たちは内的プロセスを強く意識している。つまり，私たちの生そのものにとって一切の「目的―手段」連関――「……のために～を行う」――が破棄され，現在（自己）が現在（自己）へと収斂され，内的意識は自己目的的となる。宗教学では，こうした特異な体験のことを「変性意識」と呼ぶことがある。

　繰り返し強調すると，私たちが何かに没頭・没入して無我夢中である最中，

140

ある対象・事象への精神集中によって，自我意識が忘却状態にある。しかも，私たちの内的意識は，主客未分の状態にあって，内的な報酬に基づく自己目的的な状態にあるといえる。

このように，私たち行為主体にとって精神集中が強いられ，緊張感をともなう，生の遂行現場において稼働する知は，M.ポラニーによって「暗黙知（tacit knowing）」［Polanyi, 1966=1980］と名づけられた。普通，暗黙知と言えば，知覚や道具経験から始まり，技能や技術の遂行，科学的な探究を経て，芸術的な鑑賞や宗教的行に到るまですべてを包括している。ところが，本当の意味で「暗黙知」という概念が主題化されるのは——暗黙知が暗黙知だといわれる所以は——，行為主体が精神集中が強いられる生の遂行現場においてである。暗黙知はそのとき初めて稼働される知なのである。というのも，暗黙知とは，自我意識の忘却（忘我）に呼応してより一層稼働される知（身体意識または身体知）であり，したがって行為主体の意識の変容と不可分な知だからである。こうした類いの知は，人間の生にとってあまりの近さゆえに，端的に生きられるものでしかない，それゆえ，それは不可視のものとなり，常に見失われる運命にある。

いま，ここで生を営む私たち，いわゆる常に生の現場に居合わせる私たちにとって自らの生き方や人生が充実したものであるか否かということは，身近な他者がどれほど私たちを綿密に観察したり記録に残したりしても，外から客観的に判断することはできない。というよりも，私たちにとって自らの生は，どれほど主観的に映じようとも，内的に感取し得る手応えであり，言葉としては表現し尽くせない感覚によって判断されるものなのである。

こうして，私たちは生の最中，生の充実を確かな感触として把捉しているにもかかわらず，自らの活動意識が活動遂行の内に没入しているために逐一，その都度その都度の仔細な状況を意識化することができない。そのとき，私たちの自我意識は背後に後退していて，ただリアルな現在を実感するのみである。そして，ふと「我に返った」とき，私たちはついさきほど経験した内容や状況

141

を想起するといった具合である。精神集中の状態が弛緩され、「我に返った」とき、私たちは生の遂行の最中で経験したことを想起する。そして、その活動は完結するのである。

（2）頭足類身体とフロー体験

以上述べてきたことが本当にそうだとすれば、たとえば「時の経つのを忘れた」とか「ほんの一瞬の瞬間が引き延ばされて感じる」といった無我夢中の経験は、自己目的的なものと規定することができる。ここで、自己目的的経験とは、現在（自己）の外に何ら動機（目的や報酬）をもたず、それゆえ、自己の外へと急ぐことなく、自己の外に何の結果も残さない経験を意味するがゆえに、これをC.チクセントミハイの概念に倣って「フロー経験（flow experience）」［Csikszentmihalyi, 1975=1979：66ff.］と呼ぶことは許されよう。

無我夢中という「我を忘れる」経験の内実を精緻に分析する上で、フロー経験は有力な手がかりとなる。ではあらためて、チクセントミハイのいうフロー経験とは、どのようなものであろうか。彼によると、それは、「全人的に行為に没入している時に人（行為主体）が感じる包括的感覚」［同前：66］と定義される。すなわちそれは、実践主体が忘我状態にあることを意味する。

①生きられるフロー経験の分析

しかも、彼によると、行為主体（実践に居合わせる者）がこうした忘我（無我夢中）状態にあるときに感じ取っている内的意識の様態およびその変容は、およそ六つの特徴から把握される［同前：69-85］。

すなわちその六つの特徴とは、次の通りである。

(1)行為と意識の融合
(2)限定された刺激領域への、注意集中
(3)自我忘却、自我意識の喪失

142

(4)自分の行為や環境の支配

(5)行為が首尾一貫していて矛盾がないとともに，個人の行為に対する明瞭で明確なフィードバックを備えていること

(6)行為の自己目的的な性質

　これらは，フロー状態にある内的意識を直示したものではなく，むしろその状態を可能にする外的な条件や契機をランダムに列挙したものであると考えられる（これらは，あくまでも外から分析したものなのである）。

　では次に，フロー経験の構造を解明した須藤訓任の捉え方［須藤訓任，1987：214-223］を参照しながら，これら六つの特徴を統一的に把握することによって，フロー生成の機序を究明していくことにしたい。そのことによって，無我夢中という「我を忘れる」経験は，ある統一的な解釈をもたらされることになろう。

　まず，これらの性質のうち，(3)自我忘却，自我意識の喪失は，フロー生成の機序を究明していく上での基軸となると考えられる。というのも，それは，行為主体が時間を意識によって操作し，制御することの不可能性——いわゆる計画的思惟の限界——を意味しているからである。行為主体が状況に生きられる存在でありながら，現在の状況に同化することなく，未来に定立された目標に向けて，すなわち意識を現在という状況から遊離させて現在を手段化することが可能であるかのようにふるまうことができるのは，自我意識の働きに基づく。ただし，この場合，行為主体は自我意識を未来へと遊離させながらも，それを現在に帰還させることを通して，自己同一的な意識（自己意識）を保持することができる（もし，意識が自己意識として現在に帰還し得ないとすれば，それは，自己が自己を忘却するという分裂的な状況を招来してしまうことになろう）。ただ，この特徴だけでは，フロー状態においてはなぜ自我意識が喪失されるのかについて定かではない。

　その理由を究明する上で手がかりとなるのは，(2)限定された刺激領域への，

注意集中という特徴である。この場合，刺激領域の限定とは，行為主体が現在携わっている事象にのみ注意の鋒先を局所化させることであり，注意の集中とは，その限定された領域に多大の注意力を注ぎ込むべきことを意味する。つまり，行為主体は状況に居合わせるとき，意識を現在の状況へと没入させねばならず，万一それに抗して，状況を外から反省しようとするや否や——一定の固定した視点で主題化しようとすれば——，忽ち，状況の流れそのもの，あるいはその生動性（生き生きとした「いま＝ここ」）を見失うことになり兼ねない。

　なお，ここでいう限定された刺激領域とは，状況そのものというよりも，その状況の中から抽出された一定のまとまりとしてのコンテクストにほかならない。それは，実践の過程に居合わせている行為主体にとっては実践遂行中に生き生きと開示されるものでありながら，それ自体，決して言語を通して対象化したり言及したりし得ないものである。こうして，(2)の特徴は，行為主体が状況（コンテクスト）を外から反省する余地がなくなり，まさしくそれに意識を集中させる（没入させる）ことを意味する。

　次に，(2)の特徴によってその成立根拠が明らかになった自我忘却，自我意識の喪失の観点から，(1)行為と意識の融合と(6)行為の自己目的的な性質が必然的に導出されてくる。つまり，まず(1)行為と意識の融合は，自我意識の変容（後退）に随伴する，行為の意識に対する意識の止揚を意味する。すなわち，行為主体は，実践に没入している最中に，二重の視点を持つことはない。行為主体は自らの行為を意識しているが，そういう意識そのものをさらに意識することはない。平たくいうと，行為主体は，自分自身行為しているという漠然とした意識はあっても，その行為意識がどのようなものかということについて意識することはほとんどない。行為意識についての意識があるとすれば，それはメタ意識と呼ばれようが，それは自我意識の変様したものにほかならない。自我意識は，「想像力＝時間・空間超出能力」の働きを介して自由に時間（過去や未来）を制作するだけではなく，自我意識についての意識についての……，すなわち意識についてのメタ・メタ……意識を制作し得る。ただし，(2)の特徴から

144

みて，行為主体は実践の最中にこうしたメタ意識を持つことはほとんどあり得ないであろうし，またあり得るとすれば，それは一連の行為の流れを見失うことになり兼ねない。たとえば，ピアノ演奏者は，鍵盤や楽譜に過度の意識を集中するとき，すなわちメタ意識を持つとき，演奏の円滑な流れが遮断され，ミスタッチをすることにつながるであろう。

　次に，(6)行為の自己目的的性質について考えていくことにする。一般に，計画・企画すること（計画的思惟）が成立可能である根拠は，人間の意識が現在の状況から遊離することにある。言い換えると，意識の遊離に生じる操作概念が「目的―手段」とその因果関係なのである。ところが，自我意識が喪失され，行為意識のみが働くコンテクスト的な知においては，こうした概念はもはや運用不能になる。それゆえ，(6)の特徴は，自我忘却によって「目的―手段」連関が破棄され，現在（自己）が現在（自己）へと充足され，自己目的的となる内的意識の様態を示していると考えられる。

　こうして，(1)と(6)はいずれも，(3)自我忘却，自我意識の喪失を，別の表現によっていい直したものであると考えられる（(2)は(3)の成立根拠を示すものである）。これに対して，(4)と(5)という諸特徴は，自我忘却，自我意識の喪失を(2)，(1)，(6)とは意識の異なるレベルから照射するものであると考えられる。あらかじめいうと，チクセントミハイのフロー経験は，二つの意識レベルに分けることができる。

　まず，(4)自分の行為や環境の支配とは，チクセントミハイが述べるように，「積極的な支配意識を持っている」［Csikszentmihalyi，1975=1979：78］ということではなく，「ただ支配を失う可能性に悩まされることがないだけである」［同前：78］ことを意味する。ここで「支配」というのは，すでにその消失が確認された自我意識による自分の行為や環境の制御・管轄ということではなく，それらと違和感なく融合・一体化することを意味する。つまり，このときの支配する主体は，自我ではなく，自己なのである。たとえ，自我意識が消失したとしても，「個人の身体や機能に対する意識」［同前：76］は存在し，そ

れを自己を通して身体的な同一性を保持するものと考えられる。それでも、この言葉に釈然としないものを感じるとすれば、この言葉が身体的に覚知されたものを事後的に言語化したものにすぎないためである。

こうした「身」のレベルにおける支配感を持つことが可能であるのは、自分の技能が環境の求めるところと一致していることに起因する。その意味において、(4)は(5)へと関連づけられる。つまり、(4)からみて(5)は自分の行為や環境の支配を実現していくための条件となる。言い換えると、行為者が状況内において「すべてがうまくいく」──なおかつ、そういう「身」のレベルでの支配感をもち得る──ためには、その状況を的確になおかつ瞬時に──全体的に──把握し、何をどうするべきかを身をもって知らねばならず、そのためには暗黙知を体得していることが必要になる。それが(5)でいうところの、無矛盾的でなおかつ確実で円滑な帰還回路（feedback　circuit）を内蔵した行為の内実なのである。

こうした行為の体得とは、「人（行為主体）はいつでも何をなすべきかを知っている」ことであるが、ここで「知る」とは、いうまでもなく、自我意識を通して知ることではなく、身体（からだ）で知るということである。つまり、「すべてがうまくいく」ためには、自我意識の喪失、すなわち我を忘れるとともに、それに呼応して身体がより一層──自我意識が働いていたとき以上に──、想起され、稼働されることが必要になる。

前述したように、フロー時の状況を後で意識的に再現することが困難であるのは、(4)と(5)の特徴から理解できるように、意識の統合中枢が自我意識から身体意識へと逆転するためである。その意味において、自我（自我意識）の忘却、すなわち「我を忘れる」ことは、身体の想起、すなわち身体が覚醒することを意味する。

以上の(1)～(6)を図示すると、図Ⅴ－１（147 ページ）のようになる（図そのものがフロー経験のメカニズムとなる）。

146

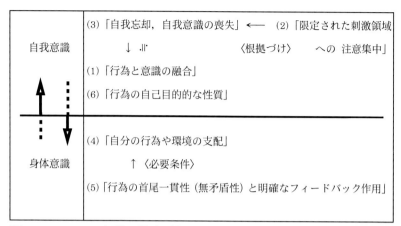

図Ｖ－１　フロー経験の構造（自我意識から捉えた特徴と身体意識から
　　　　捉えた特徴）

②身体意識の覚醒としてのフロー経験

　「現存在に属する根源的な忘却の地の上で，また，それを根拠にしてはじめ
て，〈想起〉は可能となるのであって，その逆ではない。」[Heidegger, 1975
：412]あるいは，「忘却（の空白）こそがまず基礎としての地」[戸井田道三, 1987
：33] なのである。つまり，フロー経験では「すべてがうまくいく」ために必
要不可欠な事柄（なすべきこと）は，身体によってすべて想起されるが，しか
もそれは，基底（其処）としての忘却によって支えられているのである。すな
わち，基底としての忘却は，身体意識の地（成立背景）となって稼働している
のである。そしてそれは，「我を忘れる」フロー状態のとき──自我意識が後
退するとき──，より一層稼働することになる。しかも，この基底としての忘
却には「それ自身を忘れるという性格がある」[Heidegger, 1975：411] こと
から，フロー状況における行為（経験）は，幾度となく創造的に反復されるこ
とになる。というのも，そうした行為は，「忘れたことを忘れる」という，忘
却の有する二重否定の構造に基づくからである。これに対して，〈私が忘れる〉

147

という忘却は、陥没としての忘却とでもいうべきもので、自我意識という特定の枠組みでの欠如という意味しか持たない。

　こうして、フロー経験とは、自我意識をはじめ、フロー状況を攪乱し兼ねない諸要素をことごとく取り払う（＝忘却する）とともに、自我意識の基底に働く身体意識（脱自我化した意識）――暗黙知――をより一層稼働させ、身体を状況（コンテクスト）のうちに没入（潜入）させていくプロセスそのもの（生）だと規定することができる。こうした生の遂行の最中、自我はからっぽになるまで我を忘れ去ると同時に、身体を十全に想起させ、稼働させるのである。その意味で身体は忘却の器であると同時に、身体は記憶の砦なのである。

　ところで、市川浩は、「我を忘れる」訓練を通して技芸（暗黙知）を体得した身体のことを「精神としての身体」[市川浩，1975：114ff.]と名づけた。この点については、ドレイファス兄弟がエキスパート・システム構築の理論的立場から、いわゆるエキスパート（熟練者）と呼ばれる実践者は、技芸（暗黙知）の体得を通して分析的な思考と全体的な直観を一つに統合した「熟慮的合理性」[Dreyfus, H.L.& Dreyfus, S.E., 1986=1997：66ff.]を持つことを指摘している。また、野村幸正は認知科学の立場から、熟達者は熟練を通して認知系と行動系の協応以上の高次の技芸（暗黙知としての勘）を持つことを指摘している[野村幸正，1989：110-113，129-131]。これらの知見はいずれも、観点の違いを超えて高度な知的修練を体得した実践者が、意識の介入をほとんど必要とせず、身体の自動機制を通して状況に対処していく術を知っていることを表現している。

　このように、選択の余地がないほど、身体の諸部分同士の連携が自動機制されていること、すなわち拘束されていることは、まったく逆説的なことでありながらも、行為主体にとって最大の自由となり得るのである。ハイジャンプを跳ぶ名選手にとってお決まりの跳び方、そして、的を射貫く弓道家にとってお決まりの射貫き方――いわゆるお決まりの身体の使い方は、自動機制されたものという意味で「拘束」であるにもかかわらず、それは"これしかない"、"こ

148

れ以外の選択肢があり得ない"という意味で「最大の自由」となるのである。その道のエキスパートにとって一見，不自由の何物でもないようにみえて，選択の余地のない自動機制としての「拘束」こそ，最大の自由をもたらすのである。

2．生きられる頭足類身体としての遊び

さて，生きられる頭足類身体の様相を，前節では，私たちが何らかの対象や事象へと没入・融即する無我夢中の状態，すなわちフロー経験として示したが，これ以外の事象として遊びを挙げることができる（ここでいう遊びは，子どもの遊びだけでなく，大人の遊びを射程とする）。J．アンリオを引き合いに出すまでもなく，遊びは，そもそも我を抜かした脱我的なものであり，遊ぶ「主体」は存在しない。こうした遊びの様相をあるがままに捉えたものとして，西村清和の遊びについての定義を挙げることができる。

西村によると，「遊び」は，仕事・議論・学習，総じて「企て」との差異において鮮明な形で規定することができるという［西村清和，1999：28-30]。

ここで「企て」とは何かというと，それは，その都度何らかの目的やプランを設定し，その実現に向かっていく行動のことである。つまり，「企て」は，未来に目的およびそれを具体化した目標をあらかじめ設定した上で，その目的・目標に向けて現在の活動を手段化する合理的なものであり，きわめて近代的な営みである。その結果，企ての場合，何かの目的・目標や計画を実現するために，（企てに参与する）個人と個人の関係は，常に緊張状態に身を置くことを求められる（そのことは，個人単位の企てであっても同様である）。

これに対して，「遊び」は，自他未分化の状態もしくは自他の区別が曖昧な状態の中で遊び手同士のあいだに成立する同調関係に身を浮遊させる活動である［同前］。つまり，遊びとは，「一定の行動を遊びと規定する，ルールを順守した上での，浮遊と同調の活動」［同前］となる。したがって，遊びの関係に

149

あっては，個々人は遊びの同調関係に応答する，相互に交替可能な項，すなわち，ルールを介しての，相互に役割交替可能な関係であり，よって互いに等価な項と項との関係でありさえすれば十分であり，個人への実存的負荷は免除されている（そのことは，個人単位の遊びであっても同様である）。遊び手に唯一求められるのは，一定の活動を遊びと規定する遊びのルールにしたがうことだけである。遊びを労働や学習への準備だと捉える立場，すなわち遊びの生活準備説は，こうした遊びの本質を無視して，遊びを企てから捉えていることになる（遊びの教育的意義や遊びを通しての人間関係など，遊びの教育効果を追求する場合は企てになる）。

　以上述べてきたように，遊びは，企てとは異なり，遊び手同士が単なる項と項の交代可能な関係から成り立ち，その意味において，自他未分の状態もしくは自他の区別が曖昧な状態に身を同調（浮遊）させる活動であることが明らかになる。

　普段，私たちは，子どもに向かって「よく遊べ」というように，本来，それ自体，自発的な活動である遊びを真剣に遊べというように，他律的に捉えてしまっている。こうした遊びの捉え方は，前述した遊びの生活準備説のように，遊びを大人になることの準備をはじめ，何らかの目的に向けての手段に貶めてしまう。むしろ遊びは，企てとは一線を画して，純粋に自発的かつ自己目的的なものであり，したがって脱我的なものであることを再認識する必要がある。ただ救いなのは，こうした遊びの手段化・他律化とは一切関係なく，我を忘れて，いわば無我夢中に遊んでいる人間は——子どものみならず，大人でさえも——，頭足類身体を生きられているということである。私たちは遊びをどれだけ反省的に捉えようと，遊んでいるとき，それはただひたすら，遊ぶ渦中にあるのであり，その渦中では脱我状態および自他未分化の状態に浮遊しているのである。

　なお，こうした遊びに類似した活動として，「になる」または「になってみる」といった，自分の内部感覚をイメージする（＝なる）対象の内部感覚へと

150

一致させる求心的身体感覚法があるが，これは，3歳未満の生きられる頭足類身体の「私は他の何かになる」という原論理と同じである。したがって，この，「になる」という求心的な身体感覚の実践は，頭足類身体の原論理を意識的に再現したものであり，両者の違いは，端的に生きられるか，それとも，意識的に再現されるかにある。意識的に再現する「になる」実践は，心理療法の一つであるイメージ療法において活用されている［田嶌誠一，1992］。

Ⅵ．頭足類身体との出会い

1．古代ギリシャの頭足類身体「数学」

今日でも取り上げられる数学史上，有名なパラドックスとして，ゼノンのパラドックスがある。ゼノンは，前述したパルメニデスの弟子であり，古代ギリシャのエレア派に属する。ゼノンのパラドックスは，アリストテレスの『自然学』の中で取り上げられているが，その中でも有名なものを三つ挙げることにする［高橋昌一郎，2019：146-151］。

一つ目は，アキレスとカメのパラドックスである。このパラドックスは次の通りである。アキレスは，100 メートル先を進むカメを追いかけるが，彼は秒速 10 メートルで走る。一方，カメは秒速 1 メートルで進む。スタートしてから 10 秒後，アキレスは最初カメがいた 100 メートル地点に到着する。このとき，カメはその地点からさらに 10 メートル先の地点（110 メートル地点）へ進んでいる。さらに 1 秒後，アキレスが，カメのいた 110 メートル地点に到着する。ところが，このときカメは（110 メートル地点から）1 メートル先へ進んでいる。後はこれの繰り返しとなり，結局のところ，アキレスは永遠にカメに追いつけないことになるというものである。

二つ目は，目的地には到達することができないというパラドックスである。このパラドックスは次の通りである。ある人が目的地に到着する前には必ずその中間地を通過しなければならない。さらに，その中間地から目的地までにはまた，中間地を設定することができ，そこを通過しなければならない。後はこれの繰り返しとなり，結局のところ，ある人は，目的地には限りなく近づくことができるが（目的地までの距離は限りなくゼロに近づくが），それまでに通過すべき地点が無限に存在することになり，この無限の地点を通過するために

は無限の時間が必要となる。したがって，ある人は永遠に目的地に到着することができないというものである。

　三つ目は，飛ぶ矢のパラドックスである。このパラドックスは次の通りである。いま，飛んでいる矢は，一瞬一瞬では静止しているとするもので，静止している矢をいくら集めても，矢は飛ばない，あるいは飛ぶ矢は現われない。したがって，矢は飛ぶことができないというものである。角度を変えて説明すると，飛んでいる矢は常にいまという時間のうちにあるがゆえに，このいまにおいて矢は同一の位置を保持していることになり，飛ぶ矢はそこから動かない（＝不動），すなわち静止していることになる。

　以上述べた，ゼノンのパラドックスは，現代数学の立場によって次のように解消される（ここで解決ではなく，解消であるのは，ゼノンの数学の前提に誤謬があるからである）。ただ，急いで付け加えると，筆者はここで現代数学の立場からゼノンのパラドックスの問題点や誤謬を指摘することを目的としているわけではない。むしろ，どのように考えたら，こうしたパラドックスが生まれてくるのかについて解明したいだけである。

　一つ目のアキレスのパラドックスについては，アキレスがカメに追いつくまでの時間が無限大になるという前提が誤っていることがわかる。つまり，アキレスが走る時間は，$10 + 1 + 0.1 + 0.01 + \cdots \cdots \equiv 11.11$ 秒となり，有限数へと収束する。こうした計算からアキレスは 11 秒少しでカメに追いつくことができるのだ。そのことは，私たちの直感と同じ結果になる。現代数学の立場からすると，このアキレスのパラドックスが擬似的パラドックスであるという根拠は，無限個の数（$10 + 1 + 0.1 + 0.01 + \cdots \cdots$）を足し算すると，必ず無限になることにある。つまり，そうした前提自体，誤っているのだ。

　二つ目の目的地に到着することができないというパラドックスについても，アキレスのパラドックスと同様，無限の数を加算すると，無限になるという前提に誤謬がある。つまり，「目的地＝1」を基準にすると，中間地は各々，1/2, 1/4, 1/8, 1/16 ……となって，これらを加算すると，$1/2 + 1/4 + 1/8 + 1/16 + \cdots$

154

…＝1となり，1（有限数）へと収束する。

　三つ目の飛ぶ矢のパラドックスについては，いま，飛んでいる矢は一瞬一瞬では静止している，すなわちいまという時間のうちで同一の地点としてのここで位置を保持しているといった分割不可能な時間観に問題があると考えられる。つまり，ごく一般の物理学では時間は分割可能なもの，すなわち連続的なものであり，たとえ，時間（「いま」）を細分化したとしても時間はゼロにはなり得ないのだ。時間（の幅）がゼロでないということは，そのあいだに矢は動いていることになる。微少ながらも，飛ぶ矢は動く，または運動するのだ。

　確かに，現代数学の立場（および物理学の立場）によるゼノンのパラドックスに対する問題点の指摘は，有益である。ところが，現代数学はゼノンの思考過程そのものを理解していない，あるいはそもそも理解しようとも考えていない。

　つまり，パルメニデスと同じ原論理からすると，ゼノンの「数学」は正統なものであり，なおかつ正しいことになる。その理由について次に，パルメニデスをベースに論述することにしたい。

　ゼノンのパラドックスのうち，ゼノンの「数学」がある立場からみて正しいと証明するのにうってつけなのは，飛ぶ矢のパラドックスである。飛ぶ矢の問題がパラドックスだといわれるのは，実際に飛んでいる矢がゼノンでは「一瞬一瞬で静止する矢」だからであった。ではどうしてゼノンは飛ぶ矢が「一瞬一瞬で静止する」と考えるのであろうか。

　この点については，パルメニデスの次の考え方が手がかりになる。

　前に図Ⅵ－1を示しながら述べたように，パルメニデスは，「私」（Ｐ）と〈私〉（〜Ｐ）という，二つの私に分裂しながらも，自らそのことに気づかないまま，私は私でないという〈私〉（〜Ｐ）が私以外のあらゆる他者・モノ「になる」，すなわち変転することで，世界の隅々まで流出していき，そうすることで〈私〉（〜Ｐ）が全宇宙とぴったりと一致すると考えた。そして，パルメニデスは，「〈私〉＝全宇宙」を，「連続一体・不生不滅で変化もしなければ運動もしない

155

全体」（静止した世界）と捉えた。こうした思考は，３歳未満の乳幼児の生きられる頭足類身体そのものである。こうして，全宇宙と化した〈私〉，あるいは〈私〉と化した全宇宙をもう一方の残余の「私」（Ｐ）が省察すると，そこには日常世界とは異なる非日常の形而上学的世界が現出しているのである。非日常の形而上学的世界は，いわば置き去りにされた残余の「私」が，他者化し，世界の隅々まで流出していき，全宇宙になった〈私〉を省みた情景なのである。残余の「私」から見た情景とは，世界が「ある」だけで充溢した一者（全体）としての宇宙なのである。

　このような，生きられる頭足類身体と化したパルメニデスからゼノンのパラドックスをみると，恐らく彼は，次のように説明するのではあるまいか。つまり，ゼノンは，「私」（Ｐ）と〈私〉（〜Ｐ）という，二つの私に分裂しながらも，自らそのことに気づかないまま，私は私でないという〈私〉（〜Ｐ）が私ではない「飛ぶ矢」そのものになり，もしくは「飛ぶ矢」そのものに変転するがゆえに，飛ぶ矢は不動のものとなる，と。このとき，ゼノンは，片割れの「〈私〉＝飛ぶ矢」になることで矢は「一瞬一瞬で静止する矢」になるのだ。正確には，残余の「私」（Ｐ）は，私でない片割れの〈私〉（〜Ｐ）が「飛ぶ矢」（実質的には，「矢」そのもの）に変転するのを省察することを通して「連続一体・不生不滅で変化もしなければ運動もしない全体」（静止した世界）が生成するのである。飛ぶ矢がその運動を否定されて静止する矢になるのは，片割れの〈私〉が矢そのものに変転したからなのである。したがって，ゼノンの「一瞬一瞬で静止する矢」は，現代数学が批判する分割不可能な時間観（時間意識）ではなく，残余の「私」が片割れの〈私〉が「矢」そのものになるのを見届けることを通して生起した形而上学的世界にほかならない。

　前に，（現代数学も支持する）ごく一般の物理学では，時間は分割可能なもの，すなわち連続的なものであり，たとえ，時間（「いま」）を細分化したとしても時間はゼロにはなり得ない，したがって，いまという時間のあいだに矢は動いているのだと飛ぶ矢のパラドックスを否定する見解を提示したが，ゼノン

の生きられる頭足類身体では際限のない存在の連続であってこの存在に微細かつ無限の分割の楔を打ち込むことはできないのだ。こうした形而上学的世界は、あるだけの存在世界もしくは一者の宇宙であって、分割は不可能なのである。総じて、パルメニデスおよびゼノンのように、生きられる頭足類身体にならない限り、このパラドックスは単なる誤謬としかみえないことになる。

　では他の二つのパラドックスはどうであろうか。一つ目のアキレスのパラドックスも、二つ目の目的地に到着することができないというパラドックスも飛ぶ矢と同じく、ゼノンは二つに分割した私のうち、片割れの〈私〉が各々、アキレスと（目的地を目指す）人に変転する、その一方で残余の「私」が他者に変転した〈私〉を捉える。片割れの〈私〉は、カメを追いかけるアキレス、（目的地を目指して）中間地を通る人になるが、これらは、飛ぶ矢のように、「一瞬一瞬で静止するもの」となる。この点については飛ぶ矢と同じ論理になることからこれ以上の説明は不要であろう。むしろこの二つのパラドックスについて説明が必要なのは、次の点である。

　ところで、この二つのパラドックスにおいて前提とされる「無限の数を加算すると無限になる」という前提は、現代数学の立場からすると、明らかに誤りであった。裏を返すと、現代数学は、「無限の数を加算すると有限になる」ということを前提としている。前述したように、アキレスのパラドックスでは、アキレスが走る時間を加算したものが、$10 + 1 + 0.1 + 0.01 + \cdots\cdots \equiv 11.11$ 秒となり、有限数へと収束した、また、目的地に到着することができないというパラドックスでは、目的地までの中間地の比を加算したものが、$1/2 + 1/4 + 1/8 + 1/16 + \cdots\cdots \equiv 1$ となり、有限数へと収束した。つまり、現代数学は、$A \equiv B$（A を B と規定する）というように、A（無限の数の加算）$= B$（有限数）とみなす。

　ところが、こうした捉え方は、ある変数が一定の値に近似することを、ある変数が一定の値に等しいことに置き換えてしまうことを意味する。ある変数と一定の値の差異を近似するとみなすか、等しいとみなすかは、根本的に異なる

考え方である。前者の典型は，微分積分学の「極限」という捉え方である。

　果たして，現代数学（および物理学）のように，いまという時間を無限に分割することができるとか，無限の数を加算すると有限数へと収束するといった捉え方は正しいのであろうか。こうした捉え方を根本的に拒否するところに，パルメニデスやゼノンのように，生きられる頭足類身体の真理（真実）があるのだ。結論をいえば，今日においてもゼノンのパラドックスはすべて，解決されているとはいいがたいのである。

　では次に，数学から文学へと目を転じることにしたい。次に，頭足類身体「文学」であるとみなされる，萩原朔太郎『猫町』について述べることにする。

2．頭足類身体「文学」としての『猫町』

（1）『猫町』の概要

　ここでは，萩原朔太郎の文学作品，『猫町』［萩原朔太郎，1995 ／萩原朔太郎＋心象写真，2006］を頭足類身体の立場から分析・考察することにしたい。

　ところで，本来，文学作品の分析はブックレビューを踏まえた上で行うべきであるが，『猫町』に限っていえば，取り上げるに値する先行研究は皆無であることから，私見を述べることにする。確かに，先行研究として，清岡卓行と中村稔の文芸評論があるにはあるが［中村稔，2016 ／清岡卓行，1991 ／ 1995］，清岡は作品そのものよりも，萩原朔太郎が生きた時代に即してそれを外挿的に分析・考察するにとどまっている。一方，中村は同作品を萩原の失敗作だとした上で，見当違いな批判に終始している。両者を比べると，中村よりも清岡の方が忠実に作品を批評しているが，それでも取り上げることは不要だと判断せざるを得ない。

　以上のことから，筆者としては，『猫町』の作品そのものの分析に精力を傾けることにしたい。

　ところで，『猫町』は三つの話から成るが，最初の二つの話が中心となる。

①第一話の概要

まず，一つ目の話は次の通りである。

主人公の私は，「旅が単なる『同一空間における同一事物の移動』にすぎない」と捉える。というのも，自宅からどこへ行っても，同じような人間が住んでいて，同じような村や町で，同じような単調な生活を繰り返しているだけだからである。ここには同一性の法則が反復しているのだ。

ところが，こうした同一で退屈で味気ない日常を分かつものとして，私は「私自身の独特な方法による，不思議な旅行ばかりを続けていた。」こうした旅行は，モルヒネやコカインなどを用いた「麻酔によるエクスタシイの夢」というべきものである。

しかしながら，このような，麻酔によるインナートリップは，私自身の健康を著しく蝕むこととなった。そこで養生を兼ねて運動のための散歩を行うことになるが，偶然，「私の風変りな旅行癖を満足させ得る，一つの新しい方法を発見した。」私は，医師からの指示で，毎日家から四，五十町（三十分から一時間位）の附近を散歩するわけだが，ある日，知らない横丁を通り抜けたところ，道を間違え，方角が解らなくなった。このような事態に陥ったのは，私が偏に方向音痴だからであり，その原因は「三半規管の疾病」にあるのではないかと悟る。

こうして，「私は道に迷って困惑しながら，当推量で見当をつけ，家の方へ帰ろうとして道を急いだ。」すると，私は，「私の知らない何所かの美しい町」に行き着く。この町には，清潔に掃除された街路，しっとりと露に濡れていた舗石。小綺麗にさっぱりして，磨いた硝子の飾窓には，様々の珍しい商品が並んでいた商店，……，美しい四つ辻の赤いポスト，明るくて可憐な煙草屋の娘等々が見られた。こうした町並は，いつもの見慣れたものとはまったく異なる。

だがその瞬間に，私の記憶と常識が回復した。気が付いて見れば，それは私のよく知っている，近所の詰らない，ありふれた郊外の町なのである。」

それは私がよく知っている町であり，先程見た美しい町とは似ても似つかぬ

退屈な町である。では私に何が起こったのか。

　そのとき私に起こったのは、「記憶が回復された一瞬時に、すべての方角が逆転した」ことである。「すぐ今まで、左側にあった往来が右側になり、北に向って歩いた自分が、南に向って歩いていることを発見した。その瞬間、磁石の針がくるりと廻って、東西南北の空間地位が、すっかり逆に変ってしまった。同時に、すべての宇宙が変化し、現象する町の情趣が、全く別の物になってしまった。つまり前に見た不思議の町は、磁石を反対に裏返した、宇宙の逆空間に実在したのであった。」

　かくして、見慣れた町は、美しい町へと変貌した、あるいは美しい町が私の眼前に立ち現われたのは、三半規管の障害が原因となってN軸／S軸（磁極）が逆転したことにある。そして、あの美しい町、あるいは不思議な町は、磁極が逆転した「宇宙の逆空間」に実在することになる。あの美しい町はメタフィジカルに実在するのだ。

　そして、「この偶然の発見から、私は故意に方位を錯覚させて、しばしばこのミステリーの空間を旅行し廻った。」以前は、自然と方向感覚が狂って道に迷ったが、今度は意図的に方向感覚を狂わせて道に迷い、このミステリーの空間を旅行するわけである。

　こうした論理にしたがうと、「一つの同じ景色を、始めに諸君は裏側から見、後には平常の習慣通り、再度正面から見たのであり、このように一つの物が、視線の方角を換えることで、二つの別々の面を持ってること。同じ一つの現象が、その隠された『秘密の裏側』を持っている」ことになる。東西南北の方位の逆転によって現出してくるのは、「事物と現象の背後に隠れているところの、或る第四次元の世界（景色の裏側の実在性）」であることになる。

　以上のことを要約すると、次のようになる。

　1．主人公の私にとって、旅は単なる「同一空間における同一事物の移動」
　　　にすぎず、そこには同一性の法則が反復するのみである。

2．私はこうした同一性の法則に抗うべく，薬物による麻酔のエクスタシーの旅に浸った。

3．私は健康を回復するために，養生を兼ねて運動のための散歩をしたが，生来の三半規管の障害のために，道に迷い，美しい町に出くわすという不思議な体験をする。ところが，この体験は一時的なもので，気づけば，その町は見慣れたいつもの町であった。

4．あの美しい町は，持病の三半規管の障害が原因で起こる東西南北の空間地位の逆転によって現出するが，それは「宇宙の逆空間」に実在するものである。それはまた，景色の裏側の実在性である。

5．私は意図的に方向感覚を狂わせることで，このミステリーの空間を旅行することを楽しむようになった。

②第二話の概要

次に，二つ目の話は次の通りである。

私は，秋に都会の自宅から離れて「北越地方のKという温泉に滞留していた。」この温泉地から離れたところに「繁華なU町」があってそこへは，軽便鉄道が通っていた。私はその軽便鉄道に乗ることを楽しみにしていたが，ある日，この軽便鉄道を途中下車して徒歩でU町の方へ歩いて行った。U町へ続く道は軌道レールに沿いながらも，林の中の不規則な小径である。私はその小径を歩きながら，この地方の山中に伝わる「古い口碑」のことを考えていた。その口碑とは，犬神や猫神に憑かれた村（「憑き村」）の住民の話であった。それは前近代的な因習ともいうべきものである。

「こうした思惟に耽りながら，私はひとり秋の山道を歩いていた。その細い山道は，経路に沿うて林の奥へ消えて行った。目的地への道標として，私が唯一のたよりにしていた汽車の軌道レールは，もはや何所にも見えなくなった。私は道をなくしたのだ。

『迷い子！』

瞑想から醒めた時に，私の心に浮んだのは，この心細い言葉であった。私は急に不安になり，道を探そうとしてあわて出した。私は後へ引返して，逆に最初の道へ戻ろうとした。そして一層地理を失い，多岐に別れた迷路の中へ，ぬきさしならず入ってしまった。」

　何時間も道に迷った後，私はようやく麓へと到着した。すると，私の眼前に「麓の低い平地へかけて，無数の建築の家屋が並び，塔や高楼が日に輝いていた。」そして私は，町の横丁から町の中へと入っていった。

　「私が始めて気付いたことは，こうした町全体のアトモスフィアが，非常に繊細な注意によって，人為的に構成されていることだった。単に建物ばかりでなく，町の気分を構成するところの全神経が，或る重要な美学的意匠にのみ集中されていた。空気のいささかな動揺にも，対比，均斉，調和，平衡等の美的法則を破らないよう，注意が隅々まで行き渡っていた。しかもその美的法則の構成には，非常に複雑な微分数的計算を要するので，あらゆる町の神経が，非常に緊張して戦いていた。たとえばちょっとした調子はずれの高い言葉も，調和を破るために禁じられる。道を歩く時にも，手を一つ動かす時にも，物を飲食する時にも，考えごとをする時にも，着物の柄を選ぶ時にも，常に町の空気と調和し，周囲との対比や均斉を失わないよう，デリケートな注意をせねばならない。町全体が一つの薄い玻璃で構成されてる，危険な毀れやすい建物みたいであった，ちょっとしたバランスを失っても，家全体が崩壊して，硝子が粉々に砕けてしまう。それの安定を保つためには，微妙な数理によって組み建てられた，支柱の一つ一つが必要であり，それの対比と均斉とで，辛じて支えているのであった。しかも恐ろしいことには，それがこの町の構造されてる，真の現実的な事実であった。一つの不注意な失策も，彼らの崩壊と死滅を意味する。町全体の神経は，そのことの危懼と恐怖で張りきっていた。美学的に見えた町の意匠は，単なる趣味のための意匠でなく，もっと恐ろしい切実の問題を隠していたのだ。」

　このように，この町はその中にある建物も，塔も，人間も，すべてのものが

162

静寂のもと，一つの秩序に統御されていて，どこかの部分に軋みが生じると，町全体が崩壊しかねない調和で構成されていたのである。そのことは，私に過大の緊張感を与えた。

　「私は悪夢の中で夢を意識し，目ざめようとして努力しながら，必死にもがいている人のように，おそろしい予感の中で焦燥した。空は透明に青く澄んで，充電した空気の密度は，いよいよ刻々に嵩まって来た。建物は不安に歪んで，病気のように痩せ細って来た。所々に塔のような物が見え出して来た。屋根も異様に細長く，瘠せた鶏の脚みたいに，へんに骨ばって畸形に見えた。

　『今だ！』
と恐怖に胸を動悸しながら，思わず私が叫んだ時，或る小さな，黒い，鼠のような動物が，街の真中を走って行った。」

　「瞬間。万象が急に静止し，底のしれない沈黙が横たわった。何事かわからなかった。だが次の瞬間には，何人にも想像されない，世にも奇怪な，恐ろしい異変事が現象した。見れば町の街路に充満して，猫の大集団がうようよと歩いているのだ。猫，猫，猫，猫，猫，猫，猫。どこを見ても猫ばかりだ。そして家々の窓口からは，髭ひげの生えた猫の顔が，額縁の中の絵のようにして，大きく浮き出して現れていた。」

　このように，私は町全体が醸成する異変，たとえば建物，塔，屋根等々の変形を通して，何か恐ろしいことが起こるのではないかという予感を感じたとき，町中に猫の大集団が現われたのである。

　「私は自分が怖くなった。或る恐ろしい最後の破滅が，すぐ近い所まで，自分に迫って来るのを強く感じた。戦慄が闇を走った。だが次の瞬間，私は意識を回復した。静かに心を落付ながら，私は今一度目をひらいて，事実の真相を眺め返した。その時もはや，あの不可解な猫の姿は，私の視覚から消えてしまった。町には何の異常もなく，窓はがらんとして口を開けていた。往来には何事もなく，退屈の道路が白っちゃけてた。猫のようなものの姿は，どこにも影さえ見えなかった。そしてすっかり情態が一変していた。町には平凡な商家が

163

並び，どこの田舎にも見かけるような，疲れた埃っぽい人たちが，白昼の乾いた街を歩いていた。」

　私の意識が回復したとき，つい先程までいた猫の大集団は消え失せ，「私のよく知っている，いつものＵ町の姿」が現われたのだ。そして私の意識が戻ったとき，私に何が起こったのかを理解した。私は，持病で三半規管の障害が原因でまたもや，不思議な町や猫の大集団に遭遇したのである。述懐すると，「山で道を迷った時から，私はもはや方位の観念を失喪していた。私は反対の方へ降りたつもりで，逆にまたＵ町へ戻って来たのだ。しかもいつも下車する停車場とは，全くちがった方角から，町の中心へ迷い込んだ。そこで私はすべての印象を反対に，磁石のあべこべの地位で眺め，上下四方前後左右の逆転した，第四次元の別の宇宙（景色の裏側）を見たのであった。つまり通俗の常識で解説すれば，私はいわゆる『狐に化かされた』のであった。」

　今度もまた，私は三半規管の障害により，Ｎ極とＳ極の磁極が逆転し，すなわち「磁石のあべこべの地位で眺め，上下四方前後左右の逆転」により，「第四次元の別の宇宙（景色の裏側）を見た」のである。

　ただ，この二回目の話が一回目の話と異なるのは，一回目の方が日常の世界が非日常の世界へと移行するのに対して，二回目の方が非日常の世界から日常の世界へと移行する点である。両者ともに，日常の世界と非日常の世界を行き来する点では同じであるが，その移り行きが正反対なのである。もっというと，この二回目の話の場合，私は軽便鉄道を途中下車した時点からすぐに，東西南北の空間地位が逆転したあべこべの世界に迷い込んだのであり，そのあべこべの世界の中で猫の大集団が現われるまで相当の時間がかかっている。前に引用したように，「山で道を迷った時から，私はもはや方位の観念を失喪していた。」のである。この件は，一回目の話の「私は道に迷って困惑しながら，当推量で見当をつけ，家の方へ帰ろうとして道を急いだ」場面に相当する。二回目の話の場合，私が方位の観念を失ったことに気づけなかったのは，一回目のそれと異なり，土地勘がない場所で迷子になったからという単純な理由ではないと考

えられる（これについては後述する）。

　以上のことを要約すると，次のようになる。

1．主人公の私は秋に北越地方の温泉地に滞留していて，そこから軽便鉄道
　　などを経由して少し離れたところにある繁華なU町へ出かけていた。

2．ある日，私は軽便鉄道を途中下車してその駅からU町へ歩いて向かった。

3．私は，レール軌道に沿ってU町へ向かう途中，この地方の山中に伝わる
　　古い口碑のこと（猫や犬に憑かれた村の伝説）を考えていたところ，す
　　ぐに道に迷った。

4．数時間経ってようやく，私は麓に出ると，都会のような立派な町があっ
　　た。

5．この町全体は，繊細な注意によって人為的に構成されていて，たとえば
　　静寂に対する騒音のように，少しの軋みが町全体の崩壊につながるかの
　　ようであった。

6．町全体の不調和とともに，何か異変が起こる予兆が私に体感されたが，
　　その瞬間，町中に猫の大集団が現われた。

7．こうした町全体の異変，特に猫の大集団が現われた原因は，私の三半規
　　管の障害によるものであった。猫の大集団が現われたときこそ，私の持
　　病がピークにさしかかった瞬間であった。またもや，私は磁石のあべこ
　　べの地位で眺め，上下四方前後左右の逆転により，第四次元の別の宇宙
　　（景色の裏側）を見たのである。

8．私が意識を回復したとき，猫の大集団は消え失せ，いつものU町の姿が
　　現われた。

9．述懐すると，私は山で道を迷った時から，私はすでに方位の観念を失い，
　　第四次元の別の宇宙（景色の裏側）に入り込んでいたのである。

③第三話の概要

最後の三つ目の話についても言及しておきたい。

三つ目の話は，私が体験した二つ目の話，とりわけ猫の大集団を目撃したことについての述懐である。

「今もなお私の記憶に残っているものは，あの不可思議な人外の町。窓にも，軒にも，往来にも，猫の姿がありありと映像していた，あの奇怪な猫町の光景である。私の生きた知覚は，既に十数年を経た今日でさえも，なおその恐ろしい印象を再現して，まざまざとすぐ眼の前に，はっきり見ることができるのである。」

このように，私のカメラアイは，猫の大集団をありありと映像として記憶の中に刻印しており，あたかも PTSD のように，いつでも明瞭に再現することができる。私が体験したことは，単なる夢（白日夢）でも，妄想でも，空想でもなく，この世界，この宇宙のどこかに実在していると確信している。私からすると，その世界・宇宙は，磁極が逆転した上下四方前後左右の逆転によって初めて見ることができる第四次元の別の宇宙（景色の裏側），すなわちメタフィジカルな実在であることになる。私こと，萩原朔太郎という詩人は，この第四次元の別の宇宙（景色の裏側）の実在（リアリティ）を確信もしくは信奉しているのである。

（2）頭足類身体からみた『猫町』の分析と考察
——チベットの地図と逆さメガネを手がかりにして

では，パルメニデスや最果タヒなどの頭足類身体の立場およびその原論理（私性の論理学）からすると，いま要約したこの作品をどのように捉えることができるのであろうか，次に述べることにしたい。なお，その手がかりをチベットの地図と逆さメガネに求めることにする。

①チベットの地図と逆さメガネ

ところで，同作品を分析するにあたって，不可欠な知識がある。まずそれは，チベット人の地図である。心象写真を挿入した『猫町』のあとがきに当たる箇所で，萩原朔太郎の孫，萩原朔美がチベットの地図について次のように言及している。

「或る日，散歩中に，方向がわからなくなり，道に迷う。左右が逆になり，町がいつもと違って見える。その話から，私はチベットの地図を思い出した。われわれの地図は天空から見下ろした鳥瞰図だが，チベットのそれは，天体図のごとく地上の視点から描かれたものだ。だから，それを見て行動するには通常の感覚を逆転させなければならない。たとえば，自分が右に曲がりたいときには地図の右を見るものだが，チベットの地図では左に沿って行くというように。この感覚の揺らぎがおもしろく，地図ひとつをとってみても私たちの常識が通用しない別な世界があることを思い知らされる。左右逆転，上下反転，迷児，……になりながら，朔太郎が瞑想していたのは，『もうひとりの自分』との出会いではなかっただろうか？」［萩原朔美，2006：93］，と。

ここに引用した萩原朔美の記述が『猫町』の「正しい」解読の一助となることはいうまでもない。彼女が述べるように，私たち日本人が使用する地図は，「天空から見下ろした鳥瞰図」または俯瞰図であり，「自分が右に曲がりたいときには地図の右を見る」ことは慣例なのだ。日本人を含む諸外国の大多数の人たちが普段，鳥瞰図を用いていることは，Google Earth を想起すれば明らかである。これに対して，チベット人の地図は「天体図のごとく地上の視点から描かれた」ものであり，「自分が右に曲がりたいときには」，「左に沿って行く」ことになる。

ところで，増原良彦は，チベットの地図を，鳥瞰図（俯瞰図）に対して，土竜図」［増原良彦，1984：39］と呼んでいる。そして増原は，萩原朔美がチベットの地図が，「天体図」と同一タイプのものだということに賛同するかのように，次のように述べている。

「われわれがそのものを上から見おろすことができず，かならず下から見あげねばならないようなもの——そのようなものについては，われわれは必然的に土竜図を描かざるをえない。それは星座図である。星座図は，北を上に，南を下に，そして左に東を，右に西をとることになっている。……人間は地上にあって空を見あげるから，そう描くのがいちばん便利なのである。」［同前：41］，と。増原は，端的に「星座図は人間をもぐらにしてしまう。」［同前］と述べている。

　こうして，地図には，天空から下を見下ろす鳥瞰図と，地上から天空を仰ぎ見る土竜図・天体図（星座図）という二つのタイプがあることが判明した。つまり，鳥瞰図が，上から下への視点であるのに対して，土竜図や天体図（星座図）は，下から上への視点であることになる。視点が上下反対になれば，それにともない，左右も反対になる。したがって，上下逆転は，上下左右逆転となるのである。もっというと，上を北，下を南に置き換えると，上下逆転は，南北逆転となり，ひいては，東西南北の空間地位が逆転することになる。

　萩原朔美が，チベットの地図を取り上げて，上下逆転，東西南北の空間地位の逆転に言及したのは，もはやいうまでもなく，『猫町』に登場する日常世界が磁極反転，上下逆転，東西南北の空間地位の逆転によって——すべては同一の事柄の別表現にすぎないが——，もうひとつの世界が立ち現われることを示したかったからである。私の散歩中に出現したあの美しい町は，「宇宙の逆空間」に実在するものであるが（裏側の実在性），それは，私の持病である三半規管の障害が原因となって起こる東西南北の空間地位の逆転によって現出するものなのである。

　このように，『猫町』は，鳥瞰図から土竜図または天体図への変更，「上から下への視点」から「下から上への視点」への変更によって，「宇宙の逆空間」を現出させたのである。いま述べたことは，第一話に該当することであるが，第二話もまた，これに準じた展開となっている。ただし，第二話の場合，視点の変更は第一話とは反対になる。私はU町へ向かう途中ですぐに道に迷い，そ

168

の後，都会のような立派な町に出る。前述したように，私が道に迷ってからこの町の中に入り，そこで猫の大集団と出くわすまでの場面のすべてが，「宇宙の逆空間」なのである。そして私は，意識を回復し，この逆空間からいつものU町，すなわち日常世界へと戻るのだ。非日常世界から日常世界への移行は，正反対であるにもかかわらず，その移行の契機が私の三半規管の障害であることと，前述した東西南北の空間地位の逆転に基づくことは，まったく同一である。したがって，これ以上の説明は不要であると判断する（なお，空間地位の逆転にも関係する，同作品の重大事については後述する）。

　ところで，チベットの地図を通して，同作品に登場する日常世界（現実世界）と非日常世界（メタフィジカルな実在世界）および両者の移行について述べてきたが，ここで取り上げた東西南北の空間地位の逆転や磁極反転を理解する上で有用なものとして逆さメガネについて触れておきたい。

　実は，チベットの地図や天体図のような土竜図のように，私たちが地上から天空に大地が広がっているように見ることができる方法がある。その方法とは，上下逆さのメガネを用いて情景を見るというものである［吉村浩一，2002：34-45／51-54］。こうした上下逆さのメガネを通して見ると，大地全体が空に浮き上がって見える。ただ，そのように見えるのは，上下逆さのメガネの着用時のみであってすぐにその視界は，元通りになる。とはいえ，上下逆さのメガネは，『猫町』の東西南北の空間地位が逆転した世界を主人公の私になって体験するのにうってつけの認知的道具であるといえる。

②頭足類身体の二つのタイプ

　前に，第一話と第二話では，私の三半規管の障害が原因で東西南北の空間地位の逆転（磁極反転）によって日常世界と非日常世界の移行が起こる点は同じであるが，その移行の方向が正反対であると述べたが，こうした捉え方は機械的でかつ本質的なものではない。むしろ，『猫町』は頭足類身体「文学」であり，頭足類身体論の立場から厳密に分析・考察すべきなのである。『猫町』の

169

ように，異様な，あるいは異世界的な文学作品は，凡庸な文芸評論では解読することができないのであり，これまで述べてきた頭足類身体論に基づいてこそ初めて解読可能なのである。

　頭足類身体論の立場から『猫町』を分析・考察する手がかりとして，私性の論理学を構築した東久部良信政の次の言明がある。

　「空間における差異が崩れ非差異が発生してくるのは，頭足類身体としての球体の身体の反映である三六〇度の同質の方向性であることによるか，あるいは頭足類身体の私性であるところのわたしがわたしでないことによりわたしは世界に等しく流出していて，あらゆる地点は世界の中心であり，かつ方位は無限に開かれているので，空間上の差異は存在しえないのである。」［東久部良信政，1978：42］と。

　この指摘は，頭足類身体の特性を理解する上できわめて重要なものである。というのも，これまで頭足類身体については，3歳未満の乳幼児，パルメニデス，最果タヒのように，私が「私」と「私でない」〈私〉の二つに分裂して，片割れの〈私〉が対象・世界・宇宙「になり」，ぴたりと合致するタイプのみを取り上げてきたからである。いうまでもなく，これらはすべて引用箇所の後者の方である。ところが，東久部良が指摘するように，頭足類身体には，もう一つのタイプが存在する。それが引用箇所の前者に当たる，自らが頭足類身体であることによって，「頭足類身体としての球体の身体の反映である三六〇度の同質の方向性である」タイプである。

　整理すると，頭足類身体には二つのタイプがあり，一つは，「〈私〉＝〈世界〉」「になる」ことで，（残余の「私」から見て）球体と化した片割れの〈私〉が常に〈世界〉の中心となるタイプである。球体そのものは，どの三次元座標をとっても常に世界の中心となり，方位が無限に開かれることになる。もう一つは，これまで例示してこなかったタイプであり，それは，自らが頭足類身体としての球体−身体と化したものである。

　これら二つの頭足類身体は，世界の側から捉えたものと，自分の身体の側か

ら捉えたものという記述仕方の相違を超えて——もし，そうであるならば，一つのタイプしか存在しないことになる——，実在すると考えられる。この時点で初めて判明することであるが，一つ目のタイプは，パルメニデスの頭足類身体を典型とし，二つ目のタイプは，３歳未満の頭足類身体を典型としているのではないか。ここまでは，３歳未満の頭足類身体イコールパルメニデスの頭足類身体と同定してきたが，３歳未満の頭足類身体は，パルメニデスのそれと異なり，片割れの〈私〉が身近な対象そのもの「になる」というできごとを残余の「私」が自省するどころか，そのこと自体に気づくことができない。そうした場合は，端的に頭足類身体「になる」と捉える方が賢明であろう。

　繰り返すと，３歳未満の頭足類身体は，形式上は，対象「になる（なった）」〈私〉を「私」が捉えるようにみえるが，実は，パルメニデスらの頭足類身体と異なり，３歳未満の乳幼児は自我の未形成（未成熟）が原因で残余の「私」を自ら認識することができないことから，こうしたタイプの頭足類身体は，端的に「頭足類身体としての球体の身体」と捉えるのが妥当であるわけだ。したがって，『猫町』を通して初めて明らかになった頭足類身体のタイプを次の二つに分けることにしたい（原初的な方をタイプ１とした。頭足類身体の起源は，３歳未満の乳幼児にこそあり，タイプ１はこれ以外には存在しない）。

　　タイプ１：端的に自らが頭足類身体としての球体−身体であるタイプ
　　　　　　　（３歳未満の頭足類身体）
　　タイプ２：残余の「私」が世界「になる」片割れの〈私〉を見る，または自
　　　　　　　省するタイプ（パルメニデスらの人類の原初的な思考や詩人の思
　　　　　　　考など）

③頭足類身体から捉えた『猫町』の世界——主人公の私の「成長」

　前項では頭足類身体のタイプを二つに分類した。では『猫町』に登場する主人公の私は，二つの頭足類身体のうち，どちらのタイプだと考えられるか。結

論から述べると，それは，3歳未満の乳幼児の生きられる頭足類身体を典型とするタイプ1，すなわち「端的に自らが頭足類身体としての球体−身体であるタイプ」に相当する。では，その根拠は何か，次に示すことにしたい。

この点についてあらかじめ述べると，頭足類身体（タイプ1）は，第一話から第二話にかけて「成長」している。ただ，大人が3歳未満の乳幼児（頭足類身体）になるということから考えると，そのことは一種の「退行」であることから，「成長」と相反するかもしれない。それでもここでは，そういう含みであえて「成長」と記述したい。

では，頭足類身体（タイプ1）の主人公の私が，第一話から第二話にかけてどのように「成長」したのかについて，そのことを論証することができる箇所を抽出することにする。その前に，第一話についておさらいをしておきたい。

第一話では，主人公の私にとって，「旅は単なる，同一空間における同一事物の移動」にすぎず，そこには同一性の法則が反復するだけの世界である。私にとって現実に旅をすることは，「同一空間における同一事物の移動」と表現されるように，自分が住む町からどこへ出かけようと，旅先の町，町並み，住人は自分が住む町と相も変わらず，同一であることから，魅力的なものではない。とはいえ，私が住む町と旅先の町は各々，東西南北の空間方位を基準にローカルな“顔”（町並み）を持っていて，空間方位に沿って整序されている。つまり，私が住む町であろうと，旅先の町であろうと，空間的には差異に満ちたところであることに違いはないのだ。特に，私が住む町は退屈であるが，差異を実感することができる空間である。主人公の私の空間知覚が正常である限り，この，いつも住み慣れた空間は安定した秩序を持って私の眼前に現出してくるのである。総じて，主人公の私にとって，町は差異的な空間なのである。

ところが，第一話ではこのような，差異的な空間が一変することを表現する箇所が出てくる。

「すぐ今まで，左側にあった往来が右側になり，北に向って歩いた自分が，南に向って歩いていることを発見した。その瞬間，磁石の針がくるりと廻って，

172

東西南北の空間地位が，すっかり逆に変ってしまった。同時に，すべての宇宙が変化し，現象する町の情趣が，全く別の物になってしまった。つまり前に見た不思議の町は，磁石を反対に裏返した，宇宙の逆空間に実在したのであった。」

　この箇所は，前に，チベットの地図や（それを実体験できる）逆さメガネを持ち出して述べたように，主人公の私は方向感覚の錯覚によって，「磁石の針がくるりと廻って，東西南北の空間地位が，すっかり逆に変ってしま」うことで，客観的に存在していた空間（一定の文法によって整序された地理的，ローカルな空間，具体的にはいつもの町並），総じて差異的な空間が崩壊する。この点について東久部良は，「地理空間の同質化の事態が，現象界を日常から非日常へと変転させ，メタフィジカルな世界をその中で実在させる」［同前：44］というように，「方位感覚の錯覚（変容）イコール非差異的な空間（地理空間の同質化）＝メタフィジカルな世界の現出」と捉えている。

　しかしながら，十分注意を凝らすと，主人公の私は方位感覚の錯覚（変容）を起こしても，方位の観念それ自体は喪失していない。この点は，後述する第二話においてきわめて重大事となってくる。そのことはともかく，主人公の私は，三半規管の障害が原因となって方位感覚の錯覚（上下逆転にともなう東西南北の空間地位の逆転）を起こし，チベットの地図や天体図よろしく，「宇宙の逆空間」にメタフィジカルな世界の実在を見出したのである。繰り返し強調すると，第一話において主人公の私は未だ，方位感覚の錯覚を起こしても，方位の観念それ自体を喪失していないのだ。それでも——第二話の話から明らかになるように——，主人公の私の眼前には，かの形而上学的な実在世界が現出してきたのである。

　次に，第二話について簡潔におさらいをしておきたい。

　主人公の私は，滞在する温泉地から U 町へ行く途中で，いつもとは異なるルートを通ったことから長い時間，道に迷った後，都会のような美しい町に遭遇する。この美しい町は，何もかもが完璧で少しの綻びもなく，均整のとれた空間である。にもかかわらず，この美しい町は夢の中の現象であるかのように，

173

静止した影のような空間なのである。つまり，主人公の私にとってこの美しい町にはまったく差異が見られない，または感じられないのだ。そして，この町全体の緊張感が高まり，神経が張り詰め，主人公の私が予感したように，町全体に異変が起こる。その瞬間，町中に猫の大集団が現われたのだ。こうした異変が起こったのは，主人公の私の三半規管の障害によるものであるが，私は磁石のあべこべの地位で眺め，上下四方前後左右の逆転により，第四次元の別の宇宙（景色の裏側）を見たのである。

　いま記述したことを単純に分析・考察すると，主人公の私が道に迷ったときからすでに，（上下逆転にともなう）東西南北の空間地位の逆転によって美しい町が現出し，それが崩壊すると同時に，猫の大集団が現出した，というようになる。それは，非差異的な空間の現出である。第二話は第一話とは異なり，主人公の私が道に迷ったときから，非差異的な空間（厳密には，圏域）に足を踏み入れている。そして，時間の経過とともに，非差異的な空間の強度が増していき，やがて終局を迎える。

　ところで，第二話では主人公の私が，非差異的な空間に迷い込んだ様子を述懐する箇所がある。

　「山で道を迷った時から，私はもはや方位の観念を失喪していた。私は反対の方へ降りたつもりで，逆にまたU町へ戻って来たのだ。しかもいつも下車する停車場とは，全くちがった方角から，町の中心へ迷い込んだ。そこで私はすべての印象を反対に，磁石のあべこべの地位で眺め，上下四方前後左右の逆転した，第四次元の別の宇宙（景色の裏側）を見たのであった。つまり通俗の常識で解説すれば，私はいわゆる『狐に化かされた』のであった。」

　主人公は，「山で道を迷った時から，私はもはや方位の観念を失喪していた」と述べているが，まず，この場合の「方位の観念の失喪」に注目することにしたい。「失喪」を「喪失」と現代語に読み替えた上で述べると，主人公の私はいつもの三半規管の障害が原因となって「すべての印象を反対に，磁石のあべこべの地位で眺め，上下四方前後左右の逆転した，第四次元の別の宇宙（景色

174

の裏側）を見た」わけであるが，この場合，主人公の私は，方位感覚の錯覚ではなく，方位の観念の喪失によって，かのメタフィジカルな世界を見たと述べている。つまり，第二話で主人公の私は，方位の観念それ自体を喪失したのであって，第一話のように，方位感覚を錯覚したわけではないのだ。では，方位の観念の喪失と方位感覚の錯覚を比べた場合，どちらがより深刻な体の異変なのか。それはいうまでもなく，前者の方位の観念の喪失の方である。方位感覚の錯覚を別の表現で述べると，たとえば空間知覚の異常となる。これに対して，方位の観念の喪失はたとえば，空間知覚の喪失となる。

　以上のことから，主人公の私は第一話から第二話へ移行する過程で——文学作品には主人公が登場することから，文学作品にもそれなりの時間が経過すると考えて——，明らかに頭足類身体として「成長」していることになる。その根拠は，方位感覚の錯覚から方位の観念の喪失への移行に見出される。この移行は劇的である。そのことに加えて，主人公の私は「山で道を迷った時から，私はもはや方位の観念を失喪していた。」というように，かなり長い時間，方位の観念を喪失したままなのである。方位感覚の錯覚は，必然的に方位の観念の喪失をともなうとは限らないが，方位の観念の喪失は，方位感覚の錯覚を必然的にともなうのである。というよりも以前に，どのような原因にせよ，方位の観念を喪失することは，私たち人間にとってのっぴきならない事柄，もっといえば，生死にかかわる一大事なのだ。

　しかしながら，方位の観念を喪失することは，主人公の私が，ここの地点，あそこの地点，否，nというすべての任意の地点がすべて中心となり得る，非差異的な空間である球体，もっといえば，すべての場所がまったく同一であるような同質の空間である球体であることを意味する。それはいうまでもなく，主人公の私が頭足類身体としての球体－身体「になった」ことを意味する。そうした意味で，方位の観念の喪失とは，頭足類身体として「成長」したことの証しなのである。

　『猫町』は，（主人公の私の）空間知覚の変容（異変）を契機に，メタフィ

ジカルな実在世界を垣間見るという文学作品であるが，肝心の空間知覚の変容の度合いは，第一話から第二話へと深まっているのである。読み手としては，こうした微細な変化を見落としてはならない。もっというと，こうした変容は，朔太郎自身の病気の悪化を示唆している。東久部良がいみじくも述べるように，「『猫町』の主人公では，球体身体であることより生じる四方八方を同時に看取することのできるという方位の同質性の方をより鋭敏に捉えていたということができる」［同前：40］わけであるが，こうした指摘は間違いでないにしても，「方位の観念の喪失」という表現から，主人公の私が球体−身体として「成長」している，あるいは退行が進んでいる，病気が悪化しているということを読み解く必要があるのではないか。

　いずれにせよ，主人公の私は，方位の観念の喪失へ到ることからわかるように，3歳未満の乳幼児の頭足類身体への移行によって，身体感覚および空間知覚を崩壊させることになったのである。

　本節の最後に，こうして3歳未満の乳幼児の頭足類身体への移行によって，身体感覚および空間知覚が崩壊することとはどういう事態なのかについて付け加えておきたい。

　主人公の私の頭足類身体とは，「I＝I」というように，日常的な自己（Me）を切断して，あるいは一時的に失念して，形のない私をあるがままに自己迎接する「本当の私」である。この精神病理的な「I＝I」としての私こそ，『猫町』の主人公である頭足類身体としての私なのである。したがって，この自己迎接する「I＝I」は，脳または心の内奥に住まう純粋意識であることになる。レインの顰みに倣うと，にせの身体的自己は，非差異的な空間を見る私であり，空間知覚の異常者であり，本当の非身体的自己は，球体−身体と化したことを夢想する超観念的な私である。したがって，『猫町』の話は実際には，にせの身体的自己と本当の非身体的自己が同時に体験していることを外に向けて描写したものであることがわかる。そうであるならば，『猫町』に登場する主人公の私は，統合失調症質（スキゾイド）である可能性が高い。否，厳密に述べる

176

と，第一話から第二話にかけて頭足類身体として，私は方向感覚の錯覚から方位の観念の喪失へと「成長」していることから考えて，もはや統合失調症質（スキゾイド）どころではなく，真性の統合失調症（schizophrenic）である可能性が高い。

3．美学者の頭足類身体

（1）視覚障害者の環世界——視覚を使わない体に変身する

　最近，伊藤亜沙という美学者が注目されている。彼女の研究業績もさることながら，筆者からすると，彼女は確実に頭足類身体を生きられている。まずは，そのことが端的に論述された箇所に注目したい。

　伊藤は，本川達雄の名著『ゾウの時間　ネズミの時間』との出会い，特に「足りない部分を『想像力』で補って，さまざまな生き物の時間軸を頭に描きながら，ほかの生き物と付き合っていく」ということを身をもって実践することを決意する。

　「ネズミのように速く細かく波打つ心臓を抱えて生きること。ハチのように大脳を持たず，群れの中で同時多発的に発火する神経のネットワークとして生きること。チューブワームのように光の届かない海底の熱水噴出口で硫化水素を食み，『地上』という概念を知らないまま死んでいくこと——。自分がそういった存在になったと想像し，その視点から世界を見てみることは，私にとっては一種の『変身』」［伊藤亜沙，2015：22］だと捉える。そして，「知ることは変身することである」［同前］，と。

　そして，伊藤はそうした「変身」という方法によって，視覚障害者自身の世界認識を理解しよう（知ろう）と試みるのである。敷衍すると，「障害者は身近にいる『自分と異なる体を持った存在』」であるがゆえに，「想像力を働かせること」によって，「視覚を使わない体に変身して生きてみる」のである［同前：23］。

「視覚を使わない体に変身して生きてみる」，さらに「視覚を使わない体に変身してみたい」［同前：28］——それは，視覚障害者が自らの世界を構成する，いわゆる J.v.ユクスキュルのいう「環世界」を生きられることに等しい。ただ，この方法を真の意味で実践することは難しいのだ。

　この方法の困難さについて伊藤は，「視覚を遮れば見えない人の体を体験できる，というのは大きな誤解である。それは単なる引き算ではない。見えないことと目をつぶることは全く違うのである」［同前：29］と述べる。視覚障害者の介助実習などで，目をアイマスクで遮断して歩いてみるというものがあるが，伊藤からすれば，それは，「単なる視覚情報の遮断……つまり引き算。そこで感じられるのは欠如」［同前］にすぎない。伊藤が変身したいのは，「視覚抜きで成立している体そのもの」［同前：30］なのである。

　以上のように，伊藤が視覚障害者がどのように世界を認識しているかを理解することとは，視覚抜きで成立している視覚障害者の体そのものに変身することであり，そうした体を生きられることによってその世界を知ることなのである。言い換えると，そのことは，視覚障害者が周囲の世界に意味を付与することによって自分自身の世界を構成すること，すなわち視覚障害者の「環世界」の理解なのである。

　こうした方法で視覚障害者の世界をみるとき，私たちの福祉的な立場は，視覚障害でない者（“正常者”）と視覚障害者の情報格差を補填するという欺瞞に満ちていることがわかる。社会福祉の立場からすると，視覚障害者は視覚情報が欠如したマイナスを具現する者でしかない。そうであるがゆえに，そのマイナスを埋めるために，視覚的正常者の立場からさまざまな合理的配慮がなされることになるのだ。ところが，そうした福祉的な立場に立つ限り，視覚障害者は，身近にいる「自分と異なる体を持った存在」だという理解はできない。ましてや，視覚を使わない体に変身して生きてみる・みたい，もっというと，そのことを楽しむことは，あり得ない。

　伊藤は，さまざまな生き物の視点で生きてみる，これらに変身するという延

178

長上に，障害者（視覚障害者を含む）の体に変身してみることを位置づけてい
るが，他者に変身するという方法を含め，こうした生き方そのものが頭足類身
体を生きられていることなのである。前述したように，頭足類身体は，自己（の
体）と他者（の体）が未分化であることから，自己は他者になる（＝変身する）
ことができるのだ。いわゆる自在化身体なのだ。

　もう少し，伊藤亜沙の頭足類身体の世界に踏み込んでみることにしたい。

　ところで，筆者は，一時期，3D 地形図で歩く活断層・東京・町並み等々が
流行していたとき，その情報を元に東京の渋谷周辺を歩いてみたことがある。
ところが，急勾配の道以外は 3D 地形を自らの体で感じることはできなかった。
こうした地形図の書籍を片手に実際に道を歩いても，筆者にとって道はいつも
の見慣れた二次元の（＝フラットな）空間にすぎなかった（意図的に実践して
も，道はいつもの道だったのである）。こうした体験から筆者は，風景や町並
みを立体的に，すなわち三次元的にリアルに感じることができないことを実感
したのである。

（2）視覚障害者の空間認識のリアル——三次元を三次元のまま捉える

　いま述べたことに関連して，伊藤はきわめて興味深い論述をしている。それ
は，視覚障害者の人たちが地形をどのように「見ている」「認識している」の
かについてのものである。次に，図Ⅵ－2（180 ページ）［同前：48-49］を提
示しながら，敷衍したい。

　伊藤によると，彼女が大岡山駅から勤務地へと続くなだらかな坂道を目の見
えない人と一緒に下っていたとき，（いつも通っている）伊藤本人からすると，
ただの「坂道」であるのに対して，目の見えない同伴者は，そこを「山の斜面」
だと言ったという［同前：47-50］。実際の地形は，大岡山の南半分が大岡山駅
の改札を頂上とするお椀を伏せたようになっていて，その頂上から麓にある勤
務地へと向かう斜面がこのなだらかな「坂道」となっている。

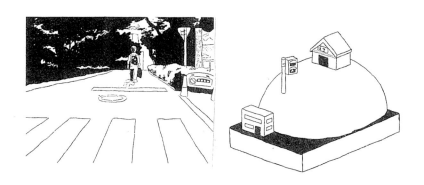

図Ⅵ－2　見える人が見た大岡山（左）と見えない人が見た大岡山（右）

　目の見える伊藤からすると，図Ⅵ－2（左）のように，この「坂道」は二次元の平面空間にしか感じられなかった。ところが，目の見えない同伴者の人からすると，図Ⅵ－2（右）のように，同じこの「坂道」は俯瞰的で三次元の立体空間に感じられたわけである。伊藤が述べるように，「人は物理的な空間を歩きながら，実は脳内で作り上げたイメージの中を歩いている。」[同前：50-51]

　伊藤が指摘するように，この目の見えない同伴者が自らの力で得た情報とは，「大岡山という地名」と「足で感じる傾き」という二つのみである。その情報とは，目の見える人からすると，過少なものだ。ところが，目の見えない同伴者は，この少ない情報を推論で結び付けることによって大岡山の空間そのものに意味を見出したのである。「推論によって得られるのは，……物の配置や物と物の関係」であり，「目の見えない人は，情報量が減る代わりに配置や関係に特化したイメージで空間をとらえている。」[同前：58]

　裏を返せば，環境からの情報量が多い，目の見える人は，視覚を中心に環境を捉えるが，視覚は「個々の物の，とりわけ表面をなぞる」[同前]にすぎないのだ。眼球測定装置で眼球の動きを捉えると，確かに，眼球はサッケード（＝

180

眼球が小刻みに激しく動く意識的あるいは無意識的な運動）によって物の表面を激しくなぞることがわかる。つまり，目の見える人は，視覚によって情報量を多く得ているからといっても，実際は目の見えない人よりも，あるがままの現実（地形）を立体的に感じることも，それに意味を見出すこともできないのである。伊藤がいみじくも述べたように，目の見える私たちは脳内イメージの中を歩いているにすぎない。

以上，目の見える人と目の見えない人が，同一の地形を捉えるときの各々の差異について述べてきた。そうした差異を増幅する例として，伊藤は，見えない人にとっての富士山と，見える人にとっての富士山といった空間把握上の差異について言及している。

伊藤によると，「見えない人にとって富士山は，『上がちょっと円すい形』をしている。……実際に富士山は上がちょっと欠けた円すい形をしているわけであるが，見える人はたいていそのようにとらえてはいないはずである。」[同前：64-65]

これに対して，「見える人にとって，富士山とはまずもって『八の字の末広がり』である。つまり，『上が欠けた円すい形』ではなく『上が欠けた三角形』としてイメージしている。平面的なのだ。」[同前：65]

伊藤自身，両者の月の見え方についても言及しているが，筆者もまた，前述した 3D 地形図と同様，月の見え方について小学生のときに疑問を持った。具体的にいうと，理科の授業で月をスケッチするという宿題が出されて，教師から影をつけるなどして立体的に表現するように指示された。ところがそのとき，筆者は教師のこの指示を十分に受けとめることができなかった。というのも，筆者にとって月は円形のイメージでしかなかったからだ。

そのことに関連して伊藤が述べるように，「見えない人にとって月とはボールのような球体」であるのに対して，見える人にとっては「『まんまる』で『盆のような』月，つまり厚みのない円形をイメージする」[同前]のである。しかも，伊藤が述べるように，目の見える人にとって月が「厚みのない円形」，

すなわち二次元的な円形としてイメージされるのは、「子どものころに読んでもらった絵本やさまざまなイラスト、あるいは浮世絵や絵画の中で、私たちがさまざまな『まあるい月』を目にしてきた」［同前］ことに依る。つまり私たちは、月をはじめ何かをイメージするとき、目の前の対象をあるがままに見るのではなく、過去の脳内記憶を想起し重ね合わせつつ、見るのである（見える人にとって目の前の対象は、知覚［視覚］と脳内記憶の二重移しによってイメージされる）。

　以上のことを総合すると、目の見える（子どもとしての）筆者にとって、月はさまざまな文化的フィルターを通して「見える」「厚みのない円形」というイメージなのであって、そうしたイメージを曲げて、目の見えない人がイメージするように、「ボールのような球体」として描くことは不自然であることになる。

　ここでは、大岡山の地形、富士山、月を題材にしつつ、目の見えない人と目の見える人の、世界の捉え方の差異について論述してきた。結論としていえることは、目の見えない人が三次元の現実世界を三次元のまま、すなわち立体とふくらみのある円すい形としてあるがままに捉えているのに対して、目の見える人は三次元の現実世界を二次元の平面空間へと縮減して抽象的に捉えているということである。したがって、筆者が「3D 地形図で歩く東京」をリアルに感じることができなかった原因は、三次元を二次元へと縮減する視覚の働きおよびそれを強化する文化的フィルター、すなわち視覚中心の文明・文化の影響にあることがわかる。

（3）彫刻と触覚

　さらに、頭足類身体を持つ伊藤から学んだことの中で瞠目すべきことを次に挙げることにする。

　あらかじめ述べると、これもまた、視覚障害を持たない者および福祉的な立場から生じたものであるが、「ある全盲の子どもが壺のようなものを作り、そ

の壺の内側に細かい細工を施し始めた」［同前：77］というものである。「見える人からすると，細工を付け加えるならば，外側の表面に施すのが『自然』である。しかしその子は壺の内側に手を入れ始めた。つまりその子にとっては，壺の『内』と『外』は等価だったということである。」［同前］この全盲の子どもは，「ただ壺の『表面』に細工を施しただけなのである。」［同前］（伊藤は，これと同じことが〈太陽の塔〉に意図的に施されていることを指摘している）。

　「表が裏になり裏が表になる」［同前］のと同じように，内が外になり，外が内になるのが，「視覚を使わない体に変身して生きてみる」ことの実践である。ここでの主役の感覚は，触覚である。表と裏もしくは裏と表，内と外もしくは外と内が等価になる世界こそ，視覚障害者が生きられる世界であり，私たちからすると，視覚を使わない体に変身することで初めて知り得る世界なのである。ここで「視覚を使わない体」とは，「視点」，「視野」，「視角」，「死角」など皆無かつ無用の体であり，それに代替して「触覚をフルに使う体」の謂いである。主役である触覚とは，（モノや他者と）ふれることであり，視覚障害児の造形活動は，触覚に基づく。

　こうした全盲の子どもの造形活動を感覚（五感）の次元から述べると，それは，「触覚の芸術」としての彫刻が開示する表現空間から反省的に捉え直すことができる。J.G.ヘルダーは，彫刻を内面的には「内部にはいりこむもの」として捉える触覚として，外面的には立体の美として，両者を関係づけながら次のように述べている。

　「彫刻は内へ内へとはいりこんで仕事をする。」

　「彫刻では，一が全であり，全は一にほかならない。」［Herder，1778=1975：218-219／坂部恵，1983：250-275］

　つまり，私たち人間が視覚的に対象を捉えるとき，自己と対象のあいだに明確な見境をつけて，平面的に理解するのに対して，彫刻制作者は，「ふれる」ことを通して，この抽象的な視覚テクストに立体の持つ具体性（ふくらみや手応え）を吹き込み，対象そのものを内側の世界から理解する。その意味で「平

面は立体の抽象にほかならない。」[Herder, 1778=1975：218]

彫刻が開示する表現空間を介して明らかになる，ふれるという体験の世界とは，一即多，多即一——「全体的一と個的多との矛盾的自己同一」[西田幾多郎，1978：154]——の成立する主客未分の場のできごとである。それは，対象にふれているその知覚それ自体にふれようとする垂直の知覚である。

木村友衛が述べるように，「表現的自覚の行としての一打の鑿の意味は，見ることの徹底としての見定めであり，更に見貫きであり，更に見破りである。」[木村素衛，1973：152，154]ふれるという体験は，日常意識では「現前しない具体的な生の兆候（アウラ）」となり，知覚的現実を具体的な現実に向けて超出する限りにおいて「隠された世界」を開示していくのである。この，ふれるという体験は，分別的判断（Ur-teil）以前のできごとなのであって，対象として捉えることができないのだ。

今日，日常世界においてふれるという体験がその対象知覚的側面としての「さわる」という体験に局限化されつつあるのは，文化水準の低下の徴標である。また，触覚の中心部である手が専ら，ものをつくるという生産労働の手段の観点から「道具的有用性のメタファー」に限定されることで，ふれるという原初的な世界経験は，隠蔽されている。私たちの，触覚に対する処遇でさえこの程度であるから，触覚以上／以前に原初的な分別的判断（Vor-urteil）[Gadamer, 1960：255])を行う感覚として，味覚・嗅覚（「口腔感覚」）についてはいわずもがなである。

興味深いことに，高村光太郎のように，彫刻家が描く絵は，一般の画家が描く絵よりも力感と動きに満ち満ちている。というのも，彫刻家は，手（身体感覚）を通して感じ取った素材の抵抗（ふくらみと，ざらざらやつるつるといった手応え）——立体のもつ具体性——を充分，視覚に換算しながら，絵画空間という二次元的な平面に生命を吹き込む（inspire）からである。その手法は，まるで目の見えない人が「目を指に代えて」（鈴木栄助），「手で触れてものの諸部分を知覚し，その上でそれらの全体像を脳裏に想い描くしかたに似てい

184

る。」［鬼丸吉弘，1981：88］そのまなざしは，触覚（身体感覚）に裏打ちされた視覚そのものである。「まなざしは物に触れ，物の内に住み込むというとき，暗に視覚とは触覚の亜種である。」［小川侃，1979：122］

　さらに，先天盲の開眼手術と視知覚の形成についての重要な知見として「モリヌークス問題」が挙げられる（［Berkeley，1948=1990／鳥居修晃，1986：54-55]）。すなわちそれは，先天盲の人が開眼手術を受けた後すぐに晴眼成人が見るのと同じように，見ることができるのか，という問題である。結論だけを述べると，この患者は開眼手術後すぐに，普通に見ることはできない，それどころか，晴眼者がモノを見るのと同じように，見ることができるようになるのは，見ることの訓練を相当行った後である。開眼手術後の彼らは，触覚（身体感覚）との協働性をまったく欠いた視覚の状態，すなわち立体感をともなわない「純粋視覚」に置かれることを強いられるが，こうした純粋視覚が，立体感をともなう日常的な視覚へと変容していくためには，明暗の弁別や色彩の弁別と識別という基本的な走査から始まり，図領域の検出にかかわる原初的走査による，平面図（二次元）の認知を経て，図の大小にかかわる水平方向走査や形の弁別にかかわる水平・上下方向走査などによる，立体形（三次元）や個々の事物の認知に到るまで，モノの様々ななぞり方を習得していかなければならないのである［鳥居修晃，1986：54-55］。

　以上，「モリヌークス問題」から帰結する結論とは，先天盲の人が開眼手術によって体験する原初的な純粋視覚には当初，距離感や立体感が欠落しており，それは，触覚の働きを通して補填され，統合されるということである。つまり，触覚による経験は，触覚と視覚の協働によってなされる。と同時にそれはまた，視覚の経験でもある。触覚の与える立体感に即して，視覚の与える観念を秩序づけることによって，原初的な距離感のない純粋視覚は，漸次，日常的な距離感（立体感）をともなう視覚へと変貌していくのである。

　この点に関連して，ヘルダーは，彫刻（彫塑）と絵画を「彫刻－立体－触覚」対「絵画－平面－視覚」というように，対比的に捉えた上で，彫刻の方が絵画

185

よりも高尚な芸術だと捉えている［Herder, 1778=1975］。ヘルダーからみて，「彫刻は真実であり，絵画は夢である」［同前：219］。

　それではなぜ，ヘルダーは，彫刻の方が絵画よりも，"高尚な"芸術と考えたのか。その根拠は，平面が立体の抽象である［同前：217-218］とするヘルダーの見解に求められる。というのも，絵画は三次元の立体空間（＝彫刻空間）をある切り口で切断し，面（＝平面）として捉えた抽象物にすぎないからである。言い換えると，絵画が呈示する平面とは，線が円の弧を意味するのとまったく同様に，一つ次元の上の，より複雑な構造の切り口として捉えることができる。ヘルダーの芸術論もまた，視覚の基底にあって，それを支えている触覚の重要性を強調している。

　前出の視覚障害児の造形活動（壺の内側に細工を施したこと）は，こうした迂回を通してその独自の意味が明らかになってくる。そうした行為が視覚障害を持たない私たちの多くにとって奇異なものであっても，視覚を使わない体を持つその児童からすると，自ら「環世界」を構成すること，すなわち（純粋な形で）触覚を通して壺の内側に細工をすることによって自分自身の作品を造ることなのである。彼はただ，三次元の立体世界を三次元の具体のまま捉え，造形をしたのだ。

（４）視覚障害児独自の造形活動とキアスム——内が外になり，外が内になる

　前に，伊藤に倣って，「内が外になり，外が内になる」という表現を用いたが，この言語表現が意味するものを形而上学の立場から述べることにしたい（これから述べることは，「伊藤との対話」によって筆者が考えたことであり，日常的な次元から逸脱している）。

　ところで，前出の視覚障害児の造形活動およびヘルダーの彫刻論とも軌を一にする，「内が外になり，外が内になる」という言語表現は，言語技術，すなわち修辞技法の一つである。修辞技法には多種多様あるが，その中に「対称表現」という種類がある。さらに，「対称表現」の種類としては，「対照法

186

（antithesis）」と「交差配列法」もしくは「交互配語法」（chiasmus）といった二つがある。この，「『内』が『外』になり，『外』が『内』になる」という言語表現は，交差配語法（キアスムス）に該当する。

　Wikipedia には，「交差配列法」について次のような定義と説明がなされている。交互配列法とは，「お互いに関連する２つの節を，より大きなやまを生むために，その構造を反転させる修辞技法のこと。つまり，２つの節は逆転したパラレリズムで表される。交錯配列法はとくにラテン語文学で人気があり，テクスト中のバランス，順序をはっきり表現するために使われた。聖書のギリシア語・ヘブライ語のテクストにも長文で複雑な交錯配列法が多数含まれている。」

　頻繁に引き合いに出される例文としては，ルカによる福音書の一節，「おおよそ，自分を高くするものは低くされ，自分を低くするものは高くされるだろう。」が挙げられる。

　交互配列法の制作方法は，この，ルカによる福音書を見れば，一目瞭然である。つまり，交互配列法の文章は，ある言葉（Ａ）とそれと類似した言葉（Ｂ）を特定した上で，ＡとＢを繋いで文章を作成した上で，次に，その文章の順番を逆にしたものを反復すればよいのである。記号で示すと，「ＡＢ－ＢＡ」となる。ルカの福音書で説明すると，自分を「Ａ＝高くするもの」は，「Ｂ＝低くされ」，自分を「Ｂ＝低くするもの」は，「Ａ＝高くされる」となる。「『内』が『外』になり，『外』が『内』になる」の場合は，もっとシンプルで「『Ａ＝内』が『Ｂ＝外』になり，『Ｂ＝外』が『Ａ＝内』になる」，となる。

　この事実に辿りついたきっかけは，「肉の哲学」を提唱したメルロ＝ポンティの「キアスム」という概念である。当初，交差配語法（chiasmus）と「キアスム（chiasme）」の類似性に気づかなかったが，メルロ＝ポンティの著書『見えるものと見えないもの』（みすず書房，2017 年）を読むうちに，「キアスム」とは「見るものと見られるものが相互に交差する」状態を指すことが判明し，そのことを契機に二つの概念が結びついた。

よくよく考えれば，メルロ＝ポンティの「キアスム」という概念は，交差配語法を借用したものである。彼は西洋文明圏に属することから，そのことはほぼ間違いない。ということは，彼にとっても，交差配語法は，近代的な主客二元論を超克するためにうってつけの言語技法だということである。間違いを恐れずに述べると，彼は，交差配語法という修辞技法を前提に，肉の哲学を展開していることになる。というのも，交差配語法なしに彼の肉の哲学は構築されなかったといっても過言ではない。

　このようにみると，修辞学が進展した西洋文明圏に属するメルロ＝ポンティは，交差配語法を下敷きに"独自の"思想を構築した。そのことをどのように考えればよいのか。

　メルロ＝ポンティは，自ら新しい思考法を発見・開発していたと考えていた（否，信じていた）と思われるが，実は，彼らは修辞技法を利用して言語表現および言語技術の上で主客二元論を克服したのではないか。思想家は新しい思考を見出したと確信したが，実は，言語技術上の主客二元論の超克にすぎなかったわけだ。言語操作していたはずが，反対に言語に操作され，振り回されていたという事実——このことに，言語を唯一の媒体とする思想家は無頓着であってはならない。高度な思考力を持つ思想家でさえ，言語に呪縛されているのだ。

　しかしながら，メルロ＝ポンティにとって，キアスムは，単なる言語表現・技術にとどまるものだとは思えない（ましてや，言葉遊びもしくは言語遊戯の変種ではない）。むしろ彼自身，「内が外になり，外が内になる」というキアスムに相当する体験をしていたのではないか。キアスムは，彼が提唱した「身体の両義性」，すなわち「ふれる－ふれられる」という「可逆性（反転可能性）」と通底する。そしてその体験を誰もが認識し得るように，翻訳するとすれば，前出の，壺の内側に細工をした全盲の子どもの体験ではないか。ただ，全盲の子どもの体験からすると，元々，「内」と「外」の区別およびその言語表現が皆無であることから，「内が外になり，外が内になる」それ自体が成立し得な

188

い。正確に述べると，彼にとって壺は壺そのもの，すなわち全き一者である。そのことを「三次元のものを三次元のままに理解しようとすること」［伊藤亜沙，2015：78］と言い換えてもよい。

　ところで，キアスムという思考は，禅の悟りの境地とも通底している。実は，前述したように，頭足類身体の思想家でもある西田幾多郎もまた，キアスムと類似した言語表現によって自らの哲学を構築した。繰り返しは避けるが，自己が他者（非自己）になり，他者（非自己）が自己になるという，いわゆる絶対矛盾的自己同一の論理を見出したが，それはキアスムそのものであろう。

　以上，ここでは，頭足類身体を持つ美学者・伊藤亜沙（の著書）との対話を通して，筆者が感じ，考えたことを論述してきた。論の展開上，言及し得なかったが，伊藤は視覚障害以外にも，義足を使う人の体に変身しつつ，その人の「環世界」について貴重な論述をしている。簡潔に述べると，義足を使う人は，「義足を使いこなすには適切な幻肢を持っていることが必要」［同前：141］だということであり，「自分には足があるというイメージがないと，義足を異物として感じてしまう」［同前］という。こうした知見も，頭足類身体ならではの思考であり，そうした人の体になってみないと理解することができない類いのものなのである（義足については，「幻肢と義肢のあいだ」［伊藤亜沙，2019］に詳細な記述がある。また，同書には「左手の記憶を持たない右手」というような，頭足類身体ならではの論攷も所収されている）。

　筆者にとって，伊藤亜沙（の著書）との対話はまだまだ続きそうである。

4．もうひとつの頭足類身体としてのタコ

　筆者は頭足類画をはじめ，こうした身体像を抱いたり描いたりする3歳未満の乳幼児の身体を「頭足類身体」と命名し，研究課題としてきたが，ここで「頭足類」の原義は，ある動物の総称である。このある動物とは，軟体動物門の頭

189

足綱に属するそれであり，具体的には，タコをはじめ，オウムガイ，コウモリダコ，さらには絶滅種であるアンモナイトが含まれる。あらかじめ述べると，頭足類画や頭足類身体が，胴体がなく（no-body），頭から直に手足が生えている形状であるのに対して，本物の生物である頭足類は，胴体，頭，足（多数の足）を持っていて，目，神経系，筋肉が著しく発達している。とりわけ，タコやイカはきわめて知能が高い。肝心なのは，生物の頭足類が，胴体を持っているということだ。頭足類画や頭足類身体の特徴から逆算して，タコやイカなどの頭足類動物に胴体がないと思い込むのは，早計である。

　ここでは生物である頭足類について述べるが，主役はタコである。なぜタコなのかというと，それは最近，分析哲学を専門とするP.ゴドフリー＝スミスの著書，『タコの心身問題』が翻訳・刊行されて，話題になったからである。しかもその著書は，タコの生態を扱う生物学の専門書ではなく，書名の通り，タコの心身問題，いわゆるタコの心を研究対象としていて，興味深い。タコのユニークな生態やタコの神話を扱う著書なら R.カイヨワの『蛸』をはじめ，過去にも少なからずあった。強調するが，ゴドフリー＝スミスの著書の主題は，紛れもなくタコの心なのだ。

　そこで頭足類画や頭足類身体を研究課題とする筆者自身，本家本元の頭足類であるタコと，頭足類身体との接点を見出したいと考えた。

　ところで，ゴドフリー＝スミスによると，タコの寿命は短く，わずか2年であるという。しかもタコは，高い知能を持ちながらも，軟体動物という宿命から化石として後世に残ることは少なく，その実態はあまり知られてこなかった。

　同書を読むうちに，筆者は，本物の生物である頭足類と（人間の）頭足類身体は身体構造上，まったく異なるもの（似て非なるもの）だということを前提としながらも，もしかすると，認知機能上，似通った点があるのではないかと考えたのである。

　こうした観点からみるとき，ゴドフリー＝スミスによるタコについての記述で注目すべき知見は，主に三つある。

190

　一つ目は，進化上，異なる道筋で二つの種類の心が生まれたという知見である。つまり，ひとつは，魚類・鳥類・哺乳類という脊椎動物（特に，人類）の進化の木であり，もうひとつは，タコやイカなど海に棲息する無脊椎動物（軟体動物）の進化の木である。訳者があとがきで指摘するように，エディアカラ紀（5～6億年前）に哺乳類（人類）と頭足類（タコ）の共通の祖先が生きていて，そのすぐ後に，枝分かれをして，両者の祖先はまったく無関係に別々に進化を遂げていった。カンブリア紀になると，さまざまな動物が生まれ，それらが相互交流するという生育環境の中で，頭足類もまた，心を進化させたと考えられる。このように，進化はまったく違う経路で心を少なくとも二度，つくったのだ。私たち人間（ヒト）からみて，もうひとつの進化の道筋において最も高度な知能を有する動物がタコをはじめとする頭足類なのである。頭足類は無脊椎動物の進化の頂点にあり，その中でも，タコの神経細胞数が想定外に多いことから，「心は海の中で進化した」［Godfrey-Smith, 2016=2018：241］といっても決して過言ではないのだ。引用を続けると，「海の水が進化を可能にした。ごく初期には，何もかもが海の中で起きたのだ。生命が誕生したのも海で，動物が誕生したのも海だ。神経系，脳の神髄が始まったのも海の中だった。また，脳が価値を持つには，複雑な身体が必要になるが，その複雑な身体が進化したのも始めは海の中だった。……動物は自分の身体の中に海を抱えて乾いた陸に上がった。基本的な生命活動はすべて，膜に囲まれ，水で満たされた細胞内で営まれる。細胞は，海の切れ端を中に抱えた小さな容器だと言ってもいい。」［同前：241-242］，と。

　二つ目は，頭足類であるタコの有するまったく独自の認知能力についての知見である。同書では人間からみて頭足類（タコ）との出会いは，「地球外の知的生命体」［同前：10］，いわゆるエイリアンとのそれだとしている。最近，制作された〈コンタクト〉という映画の中でタコに類似した宇宙人が登場するが——そして，過去にも宇宙人といえば，タコのような形状をしていた——，私たち人間が想像する地球外の知的生命体は必ずといっていいくらい，タコなの

だ。しかも、原著のタイトルでは「Others Mind」とあるように、私たち人間にとってタコは同じような心（マインド）を持つ不可思議な存在なのである。

では頭足類（タコ）はどのような認知能力を有するのかというと、それは、中央集権的ではない三つの脳と八本の触手から成る。頭または胴体にある脳にはほとんど神経網はなく、触手に多くの神経網がある。人体で喩えると、頭足類（タコ）は、脳とは独立・自律した形で手足が独自に思考したり運動（活動）したりする。こうしたタコの認知機能を明確化するために、同書では「身体化された認知」という心理学理論が持ち出される。

ところで、「身体化された認知（embodied cognition）」理論とは何かというと、それは、「身体に形状、構造に情報が記憶されている」［同前：91］、つまるところ、周囲環境の状況およびその対処法という情報が、脳に記憶されるわけでなく、身体の形状や構造に記憶されているという捉え方である。卑近な例で述べると、人間に対する「温かさ」は、身体にも記憶されているので、他者と接するときには、冷たい飲み物よりも温かい飲み物を出せば良い結果が得られるということになる。

しかしながら、「タコというのは、他の動物と違い、定まった形状を持たない動物」［同前］であることから、この「身体化された認知」は成り立たないのである。タコは、「脳を含めた『神経系全体』が一つになっている。タコはどこからどこまでが脳なのかがそもそもはっきりしない。ニューロンが密集している箇所が身体のあちこちにあるからだ。タコは身体系で満たされていると言ってもいい。」［同前：92］

認知的能力について筆者はこれまで、独立系として活動する身体と、脳からの指令で統御される身体が並行していると捉えてきたが、同書では、そもそも、脳と身体を別個のものだとする捉え方を破棄する。むしろ、「タコの身体は、ある意味で『非−身体化されている』」［同前］のだ。タコは、自らの形状や構造に一切因われることなく、変幻自在に思考したり活動したりしているのである。少なくとも、私たち人間が前提とする、脳と身体の分離、そして、それを

192

脳優位な捉え方から身体優位の捉え方へ反転させた「身体化された認知」は，タコにはまったく当てはまらないのである。一言でいえば，タコは全身活動家（全身思考者）なのだ。

　タコの認知能力のエピソードについても付け加えると，それは，次の通りである。

　高速度で皮膚の色を変えたり，元々，擬態のためのメカニズムを活用してコミュニケーションや情報伝播の手段として使ったり，特定の人物（嫌いな人）に対して水を吹きかけたり，実験室に初めて来た人に水を掛けたり，夜間に隣の水槽へ忍び込んで，飼育魚を食べて何食わぬ顔をして自分の水槽へ戻り，蓋をしたり，一生かけて自分が気に入る蛸壺を探し続けたりする（他の著書に記載）……，である。

　三つ目は，まったく独自の認知能力を有するタコをどのように理解すればよいかについての知見である。ゴドフリー＝スミスは分析哲学者でありながらも，ダイバーとして何度も海に潜ることでタコと出会ってきた。そして彼は，タコの心と出会ったのだ。どのように出会ったのかというと，それは，「主観的経験」を通してである。ここでいう主観的経験とは，「自分の存在を自分で感じること」であり，「もし～になったら，どのような気分か」（「タコになったらどんな気分か」）［同前：96］というものである。注意すべきなのは，彼のいう主観的経験が「生命の根幹ともいえる現象であり何らかの説明を必要とする」が，この場合の説明が，「『意識』を説明するということ」［同前］ではないということだ。むしろ意識は主観的経験の一つにすぎないのだ。主観的経験のメカニズムは，「感覚→行動」および「行動→感覚」といった二つのループによって説明されるが，ここでは「行動→感覚」が人間だけでなく，タコにもみられることを記すことに留めたい（ゴドフリー＝スミスはプラグマティズム哲学者，J.デューイの研究者であることから，「因果関係の弧」［同前：99］を援用している）。

　以上述べてきたように，頭足類（特に，タコ）の特徴は，次の通りである。

193

まず，頭足類（特に，タコ）は，海に棲息する無脊椎動物（軟体動物）の進化の木という人間とは別の経路で心を進化させてきた。

　次に，その独自の認知能力（心も含む）は，脳／身体を分離する二元論を超えて変幻自在に活動・思考する。

　最後に，地球外の知的生命体というべきタコの心を理解する方法は，タコの運動・活動と波長を合わせつつ，「タコになったらどんな気分か」という主観的経験を用いることである。

　こうした頭足類（特に，タコ）の特徴からすると，タコと3歳未満の乳幼児の頭足類身体の共通点は，次のようになる。

　3歳未満の乳幼児の生きられる頭足類身体は，脳／身体，自己／他者という区別・分離以前の，主客未分および自他未分の状態にあり，脳の可塑性が示唆するように，変幻自在であった。タコもまた，認知能力や心について人間とはまったく異なる構造を有しながらも，生きられる身体としては，乳幼児と同様，変幻自在である。両者とも，全身を一つにして対象そのものにかかわっていくという点で同じである。なかでも，両者がきわめて類似しているのは，自己を他者化もしくは他性化している点である。3歳未満の乳幼児は，自己と非自己の区別がなく，しかも，常に自己を「非自己化＝他者化＝他性化」することで，対象（具体的な個別）との一体化を行う。一方，タコは，脳の制御を逃れて八本の触手（人間でいう手足）が自律的にかつ独自に活動したり思考したりするが，そのことは，タコにとって触手（手足）が非身体，もしくは身体を超えた外の身体であることを意味する。タコの脳にとって触手は外に位置するのだ。しかも触手は，タコの本体から切断されても，しばらくのあいだは動いたりモノを掴んだりするという。そのことは偶然の一致であるかもしれないが，3歳未満の乳幼児とタコは，周囲環境に対して類似したかかわり方および認知モードを持つのである。

　筆者は，ゴドフリー＝スミスを通して，頭足類と頭足類身体の〈近さ〉や〈類似性〉を確信したのである。

結 語

　頭足類画と頭足類身体の長い旅もいよいよ，終わりに近づいた。いい残したことはない（と思う）が，最後の最後に，最重要なことを述べて，終わりにしたい。
　一つ目は，頭足類画が幼児によって描かれるメカニズムについてである。そのメカニズムとは，「ばらばらに寸断された身体像」の状態にある乳幼児が，鏡像段階を通して鏡に映る他者の身体（鏡像）を自己の身体だとみなし，その鏡像へと自己逃亡を計ることで「I ＝ Me」というように，可視的な身体を入手し，視覚的レベルでの自己統合を行いながらも，それ以前の不可視の「I」が「I」を自己迎接しようとする，こうした両者の鬩ぎ合いの結果，生み出された所産である。頭足類画は，乳幼児における「I ＝ I」から「I ＝ Me」への跳躍であり，乳幼児自身，そのことを受け入れつつも，不可視のあるがままの私へと立ち還ろうとする揺れ，すなわち「I ＝ Me」から「I ＝ I」への揺り戻しを示すものなのである。なぜ，一旦，手に入れたはずの可視的な身体で安定せず，元の不可視の身体へと戻ろうとするのかというと，その理由は，獲得したはずの可視的身体が視覚的レベルでの身体像の所有でしかないということ，そして，この可視的身体が自己だけの所有物ではなく，他者のまなざしに曝されることで，他者の所有物になり得るということが考えられる。また，鏡像段階の定義についてはラカンのそれが妥当であるが，乳幼児が鏡像段階を十全に習得するまでの期間については，約2年とするワロンが妥当であると思われる。
　二つ目は，3歳未満の生きられる頭足類身体が持つ特有の原論理についてである。この，頭足類身体は，「私は私でありながら，私は私ではない。私は他の何かになる。もっというと，私は何にでもなる。」であり，それは，「II型：非日常私性　P∧～P　真（絶対真）」の私性の論理に該当する。こうして，生きられる頭足類身体においては，「私が私であると同時に，私ではなく，私以外の何もの

にでもなる」がゆえに，この頭足類身体は「木」や「花」でも，「ロボット」や「ヒーロー」でも，自由自在になるのだ。しかも，この「P∧〜P」という非日常私性は，古代ギリシャのエレア派のパルメニデスの論理や形而上学的世界と，詩人の異日常世界と通底している。

　三つ目は，私たちが3歳未満の生きられる頭足類身体をベースに，十全の認知と感情・自己感情を身につけてきたということである。3歳以降の私たちは，3歳未満の頭足類身体を生きられないにもかかわらず，我を忘れて無我夢中になることを経験することがしばしばある。こうした無我夢中の状態は，生きられる頭足類身体の何ものか「になる」という体験に近い。これに類する活動として遊びや「になる」実践が挙げられる。特に，「になる」実践は，3歳未満の頭足類身体の再現というべきものである。

　その一方で，頭足類身体は病理現象として発現することがある。私たちは，常に他者のまなざしとの相克の中で生きているが，なかには他者のまなざしに基因する存在論的不安定性によって，統合失調症質（スキゾイド）を呈する者がいる。実は，スキゾイドは，3歳未満の頭足類身体の自他未分化の状態への回帰（退行）である。したがってそれは，「気」の狂いとなって発現する。しかも，スキゾイドは自己救済の方法として，日常，他者とかかわる身体を持つ自己を「偽の自己」だとみなし，トカゲの尻尾切りのように，自己から切断し，その一方で真の自己は意識の内奥へと逃亡して純粋意識と化す。ただ，こうした「自己逃亡＝自己救済」の戦略は，他者からの侵入によって失敗せざるを得ず，精神病（統合失調症）という狂気への道を辿ることになる。

　繰り返し強調すると，人間の場合，脳が十全に発達する前に出産されざるを得ないため，生まれたときの乳児は「ばらばらに寸断された身体像」の状態にあり，それを一時的に解決するために，鏡像段階を通して視覚的レベルでの「身体像＝可視的身体としての自己」を獲得するが，それでも3歳までは頭足類画からわかるように，依然として胴体（肉体）を所有しないまま，自他未分化の世界を生きられることになる（正確には，この世界を生きられる渦中で絶対的他者と出会う

ことになる)。見方を変えると，自他未分化の状態での他者（＝絶対的他者）との出会いを実現するために，私たち人間は生まれてから3年間（正確には，他者を発見してからの2年間半）をも要することになるのだ。この代償は決して小さくない。というのも，私たち人間は，ヒト（動物）としての第一歩を踏み出すまでに3年間を費やすわけであり，それだけ，ヒトとしての自立が遅くなるからである。この3年間は，養育者をはじめ，他の人間によって手厚くケアされるといっても，動物的に成熟するのにあまりにも時間がかかりすぎるのではなかろうか。

　ただ逆説的なことに，3歳未満の頭足類身体こそ，あまりにも人間的な特性を有しているのであって，もし，この3年間がなかったり，短縮されたりするとしたら，今日のような文明や文化の繁栄はなかったのではないか。今日，人間に代替し得るものとして AI やシンギュラリティ（技術的特異点）が話題になっているが，AI およびそれをベースとする人工物が3歳未満の頭足類身体を持たない（経験し得ない）とすれば，AI が人間の大半の仕事を代替することはできても，人間の能力を超えることは不可能であると考えられる。裏を返せば，それくらい，3歳未満の頭足類身体は，尋常ではない特殊な，認知・感情モードを有するとともに，それによって特殊な体験をする。本当の意味での「超」人は，3歳未満の頭足類身体にこそ見出されるのだ。人知を超えた能力は，3歳未満の幼児にあるのである。

補遺　頭足類身体の公理

　本書のまとめを述べた結語とは別に，最後に，頭足類身体の公理を発生論的に記述することにしたい。

①３歳未満の幼児は，円状の線描で描かれた頭に直接，手や足を付ける表現様式によって人物を描くが，これは「頭足類画」と呼ばれる。

②「頭足類画」を描く下地は，（２歳以前の）乳幼児が体験する鏡像段階にあることから，「頭足類画」を描く身体のことを「頭足類身体」と総称する。したがって，「頭足類身体」は，「頭足類画」を描く発達画期の幼児を含む，３歳未満の乳幼児の身体を意味する（実際には，頭足類身体の外延は広く，統合失調症質［スキゾイド］や統合失調症の病者も含まれる）。

③頭足類身体は，３歳未満の乳幼児の生きられる頭足類身体を基準とするが，それ以外にも，頭足類身体を生きられる大人をはじめ，人類の原初的思考・論理や統合失調症質（スキゾイド）の実存様式などにもみられる。

④統合失調症質者および統合失調症の実存様式は，彼らの頭足類的心像（身体意識）から推測する限り，３歳未満の乳幼児の生きられる頭足類身体と同型である。むしろ彼らの実存様式は，乳幼児の生きられる頭足類身体への回帰（退行）である。

⑤頭足類身体は，H.ワロンの『児童における性格の起源』で活写されるように，未だ自らの身体（身体意識）を十全に所有していない，３歳未満の乳幼児の認

199

知・感情様式を意味する。ただし，この認知・感情様式は，大人が捉えたものというよりも，当の乳幼児が「生きられる」実存様式を指す。したがって，頭足類身体は，3歳未満の乳幼児が「生きられる」身体のことを意味する。

⑥頭足類身体を生きられる人類の原初的思考の代表として古代ギリシャのエレア派の哲学者，パルメニデスとゼノンが挙げられる。乳幼児が個体発達上の十全の自己を生成していないのと同じく，彼らもまた，十全の自己（自己意識）を持たないことから，両者は共通点を持つ。

⑦総じて，3歳未満の乳幼児，統合失調症質（スキゾイド），統合失調症をはじめ，身体（身体意識）を十全に所有していない人たちの論理においては，必然的に否定の概念が出現してくる。それは，「P＝真／～P＝偽」と示される形式論理とは異なり，「P∧～P　真」というように，肯定と否定（否定の概念），自己と「非」自己（＝他者）が同時に「真」として成立する原論理である。否定の概念と，身体意識の非所有化，すなわち身体（身体意識）の否定のあいだには，何らかの相関関係がある。ただ，この実存様式は，矛盾した論理に基づいている。

⑧「P∧～P　真」という原論理は，乳幼児，統合失調症質の病者，統合失調症者の病者，すなわち身体（身体意識）を十全に所有していない人たちにおいて，同一の形式となる。にもかかわらず，その内容（内実）は異なる。つまり，乳幼児が自らの他性（自己の他者化）によってその都度その都度「～になる」，「何にでもなる」といった自由自在の実存様式となるのに対して，統合失調症質および統合失調症の病者は，他者とかかわる，自らの日常的自己を切り捨てる（否定する）――と同時に，純粋意識（Ｉ）へと逃亡する――ネガティヴな実存様式となる。特に，統合失調症質（スキゾイド）の病者は，自らの身体および日常的自己（Me）を切り捨て，純粋意識（Ｉ）へと逃亡するだけであるが，（統

200

合失調症質が増悪した）統合失調症の人たちは，自己自身のすべてを否定する
だけでなく，実際に自らの身体に異変をきたすことが少なくない。その典型は，
統合失調症の人たち特有の否定妄想であるが，それはたとえば，「性別もなく，
体もなく，内臓もなく，体がないから物に触れるということがない，親もなく，
家もなく，言葉がないので誰とも通じない……さらに，有るということがない」
というように発現する。否定妄想をする当事者においては，自己自身の全否定
とともに，身体の異変（麻痺）［Me の否定］によって他者や他物に入り込まれ
たり動かされたりしない身体，ひいては純粋意識（Ⅰ）を保持するのである。
その意味で，否定妄想の当事者は，３歳未満の乳幼児のあまりにも人間的で狂
気に満ちた世界を純粋に生きられているのだ（ホモ・デメンスの世界）。

⑨このように，頭足類身体の様態はさまざまでも，生きられる頭足類身体の論理
　はすべて同一の原論理となる。生きられる頭足類身体の原論理は，私性の論理
　学として示される。東久部良信政が構築した私性の論理学は未だ，「私」では
　ない「私」を含む，「私」の個体発生史的様態，すなわち「私」が「私」とし
　て生成（発生）してくるその都度の様相で展開される論理の謂いである。

⑩私性の論理学は，未だ「私」が確立していない「私」の発生論的歴史を表した
　ものであるが，それは，アルゴリズムよろしく，自動的にかつ無際限に生成さ
　れる。

⑪私性の論理学は，日常の形式論理（＝「Ⅰ型：日常私性」）からそれ以前の原
　論理（＝「Ⅱ型：非日常私性」）へ，そして，その基底の原論理以前の未生世
　界の論理（＝「Ⅲ型：未日常私性」）へと遡及するという仕方で発生論的に記
　述される。

⑫「Ⅰ型：日常私性」は，「私は私である」ことが真であり，「私は私以外のあらゆるものである」ことが偽であるところの私性は日常の私性であって，その世界も日常世界に属している。いわゆるアリストテレスの形式論理の世界である。

⑬「Ⅱ型：非日常私性」は，「私は私でありかつ私は私以外のあらゆるものである」ことが絶対真であるところの私性は，非日常の私性である。この世界においては，日常的な世界が，非日常的な巨大な宇宙，あるいは形而上学的な存在宇宙に変貌している。とりわけ，「Ⅱ型：非日常私性　Ｐ∧〜Ｐ　真（絶対真）」は原論理の基準系となる。

⑭「Ⅱ型：非日常私性」は，絶対真の私性を消滅・無化させるところの絶対偽の私性を同時に成立させる論理である。それは，もうひとつの非日常私性である「¬（Ｐ∧〜Ｐ）偽（絶対偽）」という絶対無の論理である。これは，「私は私である」ことと，「私は私でない」ことの両者がともに消滅したところの絶対的無化である私性を意味する。つまり，「Ⅱ型：非日常私性」は，「私は私であり，かつ，私は私以外のあらゆるものである」という分割された私性の事態であり，真と偽の私性を超越するところの絶対真の私性である。

⑮さらに，私性は絶対無を介して絶対真の私性と絶対偽の私性の弁証法へと進展する。それは「Ⅲ型：未日常私性」である。これは，中観派の龍樹のレンマの思想に通底する。「Ⅲ型：未日常私性」は，絶対真と絶対偽の私性を超越するところの「色」の私性と，「色」の私性を滅却させたところの「空」と名づけられる私性である。要するに，私性の論理学では，すべての世界がそこから生成・現出するところの未生世界を示す私性の論理が要請されてくるのである。

⑯ＩとMeの弁証法および私性の論理学によって捉えられる，3歳未満の乳幼児の生きられる頭足類身体は，ワロンの発達心理学的な観察・記録による数多の

202

事例によって裏づけることができる。ワロンによる乳幼児の精神発達を含め，筆者は生まれてから３歳未満の乳幼児を中心に，精神発達過程を図示したが，その中では，過程身体もしくは互換的身体が頭足類身体に匹敵する。その過程身体（互換的身体）に頭足類身体を重ね合わせる，もしくは挿入することによって，人間の発達初期のプロセスが理解されることになる。あるいは，そのことによって，母親（特定の養育者）の役割，すなわちマザリングがあらためて明らかになるのである。

註 釈

(1)［15 ページ］

　乳幼児は鏡像段階をどのように習得するのかというと，それは，およそ次の理路を辿ると考えられる。

　一般に，精神分析は，私たち人間に穿たれた「穴」を欲動の作動する場所と捉える。人間にとって根本的な欲動とは，（他者の）まなざし，声，乳房，排泄物である。そして，欲動の作動する場所としての「穴＝開口部」は，これら四つの主要器官が関与している。つまり，まなざしが交わされるのは「目（眼）」，他者の声を捉えるのは「耳」，母乳が出るのは「乳房」，排泄物の世話がなされるのは「肛門」である。これに食物が通る「口」が追加される。なかでも，初期の精神発達上，重要な意味を持つものが，母親（特定の養育者）の「まなざし」と「声」である。

　ところで，形のないもの（I）が形のあるもの（Me）へと逃亡を図る契機となる鏡像段階からみて，最も関係が深いのは，母親からの「まなざし」である。そのまなざしは，「光を受容する器官」としての目の生物的働きに基づく。とはいえ，目という器官それ自体は，手や足などの運動器官とは異なり，世界や他者に向けて能動的に働きかけることはない。総じて，元々，見ることは，能動的な活動ではない。むしろ，見ることは，世界にかかわる最小限（ミニマム）の活動なのだ。

　以上のことから，乳幼児は，発達の初期段階で目が見えるようになって光の中に参加し，光の中に仕組まれたさまざまなモノたちに目という光の受容器官をもって（受動的に）参加する。「主体（意識）」成立以前，「言葉」獲得以前の乳幼児からすると，視野は自分が切り開いていくものではなくて，向こうからやってくるものである。

　こうした受動的な視覚世界の渦中にある乳幼児は，さまざまなモノに目があって，向こうからこっちを見ているという感覚，すなわち「見られる（見られている）」という感覚を持つようになる。向こう（自分の周囲）には，あらゆるところにまなざしが偏在するが，そのまなざしの中でも，最も印象的なものが「母親のまなざし」なのである。

　しかも，乳幼児は，その母親のまなざし，すなわち母親がモノを見ていることを模倣（見

よう見まね）することによって，これまでの「見られる（見られている）」を「見る」へと変換する。このような，「見られる（見られている）」ことから「見る」への変換は，受動から能動への転回となる。繰り返すと，「見られる」から「見る」への変換の機会は，乳幼児が母親の「見る」行為を模倣することにある。

　さらに述べると，「見られる」から「見る」への変換は，受動から能動への転回だけにとどまらない。一般に，「見られる」が，存在の欲望であるのに対して，「見る」は，所有の欲望であることから——実際，見ること（知覚）は知覚内容を保存・保持する——「見られる」から「見る」への変換は，存在の欲望から所有の欲望への変換にもなるのだ。

　したがって，「見られる」から「見る」への変換を意味する，乳幼児における鏡像段階の習得は，受動から能動への転回といった活動形態の変化だけでなく，存在の欲望から所有の欲望への変容を意味するのである。裏を返すと，こうした変容の失敗もしくは退行（逆行）は，いつも誰かに「見られている」，「語りかけられている」といった症状を呈する統合失調症質（スキゾイド）や統合失調症へと到る道なのである。

　まとめると，鏡像段階前・自我形成途上の欲望が，何々「になる」という存在の欲望であるのに対して，鏡像段階習得後・自我形成後の欲望は，「何々を持ちたい」という所有の欲望へと変容するのである。こうした鏡像段階の習得を側面支援するのは，前述したように，「見られる」から「見る」への変換の機会を付与する母親（特定の養育者）である。

(2)［22ページ］

　ワロンは，幼児の鏡像認知をおよそ五つに分けて記述している［Wallon, 1949=1970：190-208］。

　まず生後3ヶ月の終わりまでは，幼児は鏡に映る鏡像そのものに気づかないが，3ヶ月を過ぎた頃から幼児は鏡に反応し始める。

　次に，4〜5ヶ月頃になると，幼児は鏡に映ったもの（鏡像）を視線で捉えるようになるが，まだ興味を示す程度で特別な関心を持つことはない。

　次に，6ヶ月頃になって初めて鏡に映った他者を見て微笑むが，その他者の話し声が自分の後ろから聞こえるとびっくりして振り向く（他者の鏡像を見ていても，その他者が声をか

けるとその声がする方向に振り返る）。また，鏡に映っている他者の像と他者の実在を一致させることができないため，他者の鏡像を鏡の中や背後に探す。

次に，8ヶ月頃になって初めて，幼児は，鏡の中の自分（自己鏡像）に対して反応を示すようになる。

最後に，12ヶ月から15ヶ月のあいだに，鏡の使用の練習を行うとともに，自分の鏡像を相手に，または分身として戯れるようになる。この時期になると，幼児は鏡像段階を習得していて，自己の身体と鏡像の対応関係を認識している。

以上のワロンの記述の通り，幼児にとって他者の鏡像認知ができるのが6ヶ月頃であるのに対して，自己の鏡像認知ができるのは8ヶ月であるというように，幼児が自己の鏡像認知を行うのは，他者の鏡像認知を行うよりも，2ヶ月程遅くなるのである。また，幼児が他者の鏡像認知を行うことができるのが6ヶ月になってからという知見は，ワロンのいう混淆的な社交性の時期と符合している。幼児が母親以外の見知らぬ人，すなわち他者，日本の民俗的表象からすると「鬼」を恐怖の対象として人見知りするのは，8ヶ月頃であり，そのことをR.スピッツは「8ヶ月不安」と名づけたのである。

(3)［28ページ］

メデゥサのまなざしとは，レインの《石化》のことである。レインは《石化》を次のように，定義している。

「《石化》ということばを使用する際，この言葉に内蔵されているいくつかの意味をさぐることができる。

1．それによって人が石に変えられるほどの恐怖の一特殊形態。

2．次のような事態の生じることについての恐れ。つまり生きた人間から死んだ物に，つまり行動の人間的自律性を欠いた死物，石，ロボット，オートメーションに，主体性のないものに変わる，ないしは，変えられる可能性についての恐れ。

3．それによって誰か他者を《石化》し石に変えようとする魔術的行為。さらに言えば，他者の自律性を否定し，その感情を無視し，彼を一個の物とみなし，その生命を抹殺する行為。つまり，他者を一人の人間として，自由な行為者としてではなく，ものと

して取り扱うのである。」［Laing, 1961=1975：58］

　このように，レインは，スキゾイドが抱く三つの存在論的不安定さの一つとして，《石化》を挙げた。なお，これ以外の二つとは，《呑みこみ》（＝他者が自己の存在を奪い取ってしまうのではないかという存在論的不安定さ）と，《内破》（＝他者が自己の中に暴力的に侵入してくるのではないかという存在論的不安定さ）である。

　総じて，石化とは，他者が自己をただのものと化してしまうのではないかという存在論的不安定さである。その結果，自己を感情のもたないものとみなす「離人化」が起こることになる。

　こうした存在論的不安定さから何とか自己を守ろうとして自己を覆い隠す（マスキングする）ための仮面（ペルソナ）が作り出されるのであり，それが，「にせ自己」の体系である。スキゾイドの症状でいうと，スキゾイドが恐れるのは，他者から「見られる」，「見られている」ことで自己の存在が危ぶまれることに通底する，《石化》であると考えられる。

文 献

東久部良信政　1978　『頭足類の人間学』葦書房。

東久部良信政　1979　「東西論理と頭足類」，『遊　電気＋脳髄』1005 号，164-170 頁。

浅田　彰　1983　『構造と力――記号論を超えて――』勁草書房。

Berkeley,G.　1948　**The Works of Geoge Berkeley Bishop of Cloyne,Vol.1,**Luce,A.A. & Jessop,T.E.(eds.).（G.バークレー，下條信輔他訳，鳥居修晃解説『視覚新論』勁草書房，1990 年。）

Csikszentmihalyi,M.　1975　**Beyond Boredom and Anxiety,** Jossey-Bass.（M.チクセントミハイ，今村浩明訳『楽しみの社会学――倦怠と不安を越えて――』思索社，1979 年。）

Damasio, A.R.　2006　**Descarte's Error：Emotion, Reason, and the Human Brain,** Penguin Books.（A.R.ダマシオ，田中三彦訳『デカルトの誤り――情動, 理性, 人間の脳――』筑摩書房，2010 年。）

Dreyfus,H.L.&Dreyfus,S.E.　1986　**Mind over Machine：The Power of Human Intuition and Expertise in the Era of the Computer,** Free Press.（H.L.ドレイファス＆ S.E.ドレイファス，椋田直子訳『純粋人工知能批判――コンピュータは思考を獲得できるか――』アスキー，1997 年。）

Feyerabend, P. K.　1975　**Against Method：Outline of an Anarchistic Theory of Knowledge,** Verso Books.（P.K.ファイヤアーベント，村上陽一郎・渡辺博訳『方法への挑戦――科学的創造と知のアナーキズム――』新曜社，1981 年。）

福岡　伸一　2020　『最後の講義 完全版――どうして生命にそんなに価値があるのか――』主婦の友社。

Gadamer,H-G.　1960　**Wahrheit und Methode,** Tbingen/Mohr（Siebeck）.

Gorman,W.　1969　**Body Image and the Image of the Brain.**（W.ゴーマン，村山久美子訳『ボディ・イメージ――心の目でみるからだと脳――』誠信書房，1981 年。）

Gehlen,A.　1956　**Anthropologische Forschung,** Rowohlt.（A.ゲーレン，亀井裕訳『人間

学の探究』紀伊國屋書店，1970 年。）

Godfrey-Smith,P.　2016　**Other Minds：The Octopus, the Sea, and the Deep Origins of Consciousness**, Farrar, Straus, and Giroux.（P.ゴドフリー＝スミス，夏目大訳『タコの心身問題——頭足類から考える意識の起源——』みすず書房，2018 年。）

Grözinger,W.　1961　**Kinder Kritzeln Zeichnen Malen**, Prestel-Verlag.（W.グレツィンゲル，鬼丸吉弘訳『なぐり描きの発達過程』［心理学選書⑥］黎明書房，2000 年。）

萩原　英敏　2015　「3 歳未満児保育から見た，親子関係が，青年期前後の人格形成に及ぼす影響について：その 3　3 歳未満児の主たる養育がマザリングではなく，アロマザリングであるという問題点について」，『淑徳大学短期大学部研究紀要 54 巻』，13-30 頁。

萩原　朔美　2006　「『猫町』をめぐって」，萩原朔太郎＋心象写真『猫町』所収，92-93 頁。

萩原朔太郎　1995　『猫町 他十七篇』岩波書店。※底本の親本：萩原朔太郎『萩原朔太郎全集 第五巻』筑摩書房，1976 年。初出：『セルバン』8 月号，1935 年。

萩原朔太郎＋心象写真　2006　『猫町』KK ベストセラーズ。

Heidegger,M.　1975　**Grundprobleme der Pänomenologie（Gesamtausgabe　Bd.24）**, V.Klostermann.

Herder,J.G.,　1778　**Plastik**.（J.G.ヘルダー，張正実訳「彫塑」『世界の名著 続 7「ヘルダー，ゲーテ」』中央公論社，1975 年。）

市川　浩　1975　『精神としての身体』勁草書房。

伊藤　亜沙　2015　『目の見えない人は世界をどう見ているのか』光文社。

伊藤　亜沙　2019　『記憶する体』春秋社。

笠原嘉・須藤敏浩　1976　「否定妄想について——若い婦人の一例——」，土居健郎，他編『分裂病の精神病理 6』東京大学出版会，193-213 頁。）

加藤　義信　2015　『アンリ・ワロン その生涯と発達思想—— 21 世紀のいま「発達のグランドセオリー」を再考する——』福村出版。

川辺寿美子　1964　『サルの赤ちゃん——ニホンザルの飼育実験——』中央公論社。

Kellogg,R.　1969　**Analizing Chidren's Art**, Girard & Stewart.（R.ケロッグ，深田尚彦訳『児童画の発達過程――なぐり描きからピクチュア――』黎明書房，1971 年。）

木村　素衛　1973　『表現愛』弘文堂。

清岡　卓行　1991　『萩原朔太郎『猫町』私論』筑摩書房。

清岡　卓行　1995　「解説」（『猫町 他十七篇』所収）岩波書店，119-163 頁。

Kretschmer,E.　1921　**Körperbau und Charakter：Untersuchung zum Konstitusions-problem und zur Lehre von Temperamenten**, Springer-Verlag.（E.クレチッマー，相場　均訳『体格と性格――体質の問題および気質の学説によせる研究――』文光堂，1968 年。）

熊倉　徹雄　1983　『鏡の中の自己』海鳴社。

樹澤　厚生　1989　『〈無人〉の誕生』影書房。

Lacan,J.　1966　**Ecrits.**, Editions du Seuil.（J.ラカン，宮本忠雄，他訳「＜わたし＞の機能――形成するものとしての鏡像段階――」，『エクリⅠ』所収，弘文堂，1972 年。）

Laing,R.D.　1961　**Self and Others**, Tavistock Publications.（R.D.レイン，志貴春彦・笠原嘉訳『引き裂かれた自己――分裂病と分裂病質の実存的研究――』みすず書房，1975 年／天野衛訳『引き裂かれた自己――狂気の現象学――』［改訳版］筑摩書房，2017 年。）

Lang,H.　1973　**Die Sprache und das Unbewußte：Jacques Lacans Grundlegung der Psychoanalyse**, Suhrkamp Verlag.（H.ラング，石田浩之訳『言語と無意識――ジャック・ラカンの精神分析――』誠信書房，1983 年。）

増原　良彦　1984　『あべこべの世界――奇想のきっかけ――』KKベストセラーズ。

Merleau-Ponty,M. 1962　**Les Relations avec Autrui chez L'enfant.**（M.メルロ＝ポンティ，滝浦静雄訳「幼児の対人関係」，『眼と精神』所収，みすず書房，1966 年。）

皆本　二三江　2017　『「お絵かき」の想像力――子ども心と豊かな世界――』春秋社。

Moran,E.　1973　**Le Paradigme Perdu：La Nature Humaine**, Seuil.（E.モラン，古田幸男訳『失われた範列――人間の自然性――』法政大学出版局，1975 年。）

中井　孝章　2004　『頭足類画の深層／描くことの復権』三学出版。

中井　孝章　2017　『離人症とファントム空間』【脳・心のサイエンス２】，日本教育研究

センター。

中井　孝章　2018　『頭足類身体原論』大阪公立大学共同出版会。

中井　孝章　2019　『頭足類身体の諸相』日本教育研究センター。

中井　孝章　2020　『カプラグ症候群という迷路』【脳・心のサイエンス3】，日本教育研究センター。

中井　孝章　2021　『生存のための身体信号（ソマティックマーカー)』日本教育研究センター。

中村　稔　2016　『萩原朔太郎論』青土社。

西田幾多郎　1978　『西田幾多郎全集 第11巻』岩波書店。

西田幾多郎　1998　西田哲学選集 (別巻1)，灯影舎。

西村　清和　1999　『電脳遊戯の少年少女たち』講談社。

野村　幸正　1989　『知の体得——認知科学への提言——』福村書店。

小川　侃　1979　「〈見ること〉と〈触れること〉」『理想』，553。

鬼丸　吉弘　1981　『児童画のロゴス——身体性と視覚——』勁草書房。

大澤　真幸　1990　『身体の比較社会学1』勁草書房。

Polanyi,M.　1966　**The Tacit Dimension**, Routledge & Kegan.（M.ポラニー，佐藤敬三訳『暗黙知の次元』紀伊國屋書店，1980年。）

パルメニデス　1958　山本　光雄（訳編）『初期ギリシア哲学者断片集』岩波書店。

Rilke,R.M.　1904-1910　**Die Aufzeichnungen des Malte,** Laurids Brigge.（R.M.リルケ，望月市恵訳『マルテの手記』岩波書店，1973年。）

最果　タヒ　2017　清川あさみ・最果タヒ『千年後の百人一首』リトルモア。

坂部　恵　1983　『「ふれる」ことの哲学——人称的世界とその根底——』岩波書店。

須藤　訓任　1987　「忘却と想起」，丸山高司・小川侃・野家啓一編『知の理論の現在』世界思想社，204-223頁。

Sullivan,S.H.　1953　**The Interpersonal Theory of Psychiatry**, W.W.Norton.（S.H.サリヴァン，中井久夫，他訳『精神医学は対人関係論である』みすず書房，1990年。）

田嶌　誠一　1992　『イメージ体験の心理学』講談社。

212

高橋昌一郎　2019　「ゼノンのパラドックス①②③」，Newton 別冊『絵でわかるパラド
　　ックス大百科――論理的思考が鍛えられる 50 の逆説――』ニュートンプレス，146-
　　151 頁。

玉田　勝郎　1989　『子ども認識の分水嶺――ワロンに学び・ワロンを捉える――』明治
　　図書。

戸井田道三　1987　『忘れの構造』筑摩書房。

鳥居　修晃　1986　「先天盲の開眼手術と視知覚の形成」別冊『サイエンス』80，日経
　　サイエンス社。

外山滋比古　2009　『忘却の整理学』筑摩書房。

台 弘・町山幸輝　1973　「精神分裂病のモデル」，台 弘・井上英二編『分裂病の生物学的
　　研究』東京大学出版会，57-84 頁。)

Walles,M.　1986　The Silent Twins, Chatto and Windus Ltd.（M.ウオーレス，島浩
　　二，島式子訳『沈黙の闘い』大和書房，1990 年。)

Wallon,H.　1949　Les Origines du Caractêre chez L'enfant, Universitaire de France.
　　（H.ワロン，久保田正人訳『児童における性格の起源』明治図書，1965 年。)

Wallon,H.　1956　Impotance du Movement dans le Dévelppement Psychologique de
　　L'enfant.（E.ワロン，浜田寿美男訳『ワロン／身体・自我・社会――子どものうけと
　　る世界と子どもの働きかける世界――』ミネルヴァ書房，1983 年。)

吉村　浩一　2002　『逆さめがねの左右学』ナカニシヤ出版。

213

あとがき

　「頭足類画」研究に始まり，一連の「頭足類身体」研究を経て，この度，その完結編を刊行した機会に，これまでの歩みを振り返っておきたい。

　まず，「頭足類画」研究の成果は，『頭足類画の深層』（2004 年）としてまとめた。世界のすべての子どもたちが，この，奇妙奇天烈な絵を描くわけであるが，同書では，どうして3歳未満の子どもが描くのか，その理由を鏡像段階に求めた。

　次に，これまでは「頭足類画」という絵に関心を持っていたが，古書で入手した東久部良信政の奇書，『頭足類の人間学』（1978 年）に触発されて，「頭足類画」（＝客体）からそれを描く子ども（三歳未満の乳幼児）の「頭足類身体」（＝主体）へ研究を百八十度旋回させた。筆者なりのコペルニクス的転回に相当する。こうした僥倖もあって，東久部良の同書を手がかりに，『頭足類身体原論』（2018年）を刊行した。同書では，東久部良の私性の原論理学に依拠しながらも，筆者独自の考え方を披瀝している。特に，筆者は，分裂病質（スキゾイド）の病者が抱く頭足類的なボディ・イメージに注目し，幼児の頭足類画以外に，どうしてスキゾイドの病者がこうした身体像を抱くのかについて追究した。その際，L.D.レインの臨床研究およびその研究で用いられる，「二つの自己」についてのモデルが有益であった。また，乳幼児自身の生きられる頭足類身体およびその原論理を発達心理学の立場から詳細に記述した，H.ワロンの『児童における性格の起源』（1949年）は有益であった。筆者は，同書を発達心理学最高の書物だと評価している。

　その後，頭足類身体シリーズとして，『新実在論 × 頭足類身体』，『頭足類身体の諸相』，『言葉を超えた読みの創造：「になる」とイメージ生成』と相次いで刊行した。これらは，前著『頭足類身体原論』で書き残したことを綴ったものであるが，述懐すると，『頭足類身体の諸相』では，原論理学の立場から，古代ギリシャのパルメニデスの原論理や同じエレア派のゼノンの頭足類身体「数学」，萩原朔太郎の『猫町』などを読解・分析しており，それなりの成果を挙げたと自負

215

している。一方，『新実在論 × 頭足類身体』では，M.ガブリエルの新実在論と頭足類身体論の仮想対話を試みたが，述懐すると，世界観というレベルでは共通点を持つことを論証し得たが，到底，納得のいくものではなかった。

　さらにその後，『言葉を超えた読みの創造：「になる」とイメージ生成』では，乳幼児の生きられる頭足類身体の「になる」の立場から，学校の（国語の）授業実践での，「になる」実践について考察したものである。「になる」実践は，実際にそれを実践することで初めてイメージが生成されてくるという不思議な他者理解の方法である。最初から，「になる」においては，イメージが固定されていないのである。こうした「になる」という他者理解の方法は，乳幼児の生きられる頭足類身体の原論理，「何でもなる」ことを起源としている。そのことを確証し得たことは，筆者にとって大きな成果であった。

　以上のように，「頭足類画」研究の代表作として『頭足類画の深層』，「頭足類身体」研究の代表作として『頭足類身体原論』，という具合に刊行するとともに，「頭足類身体」研究の続編として，『新実在論 × 頭足類身体』，『頭足類身体の諸相』，『言葉を超えた読みの創造：「になる」とイメージ生成』といった三冊を刊行してきた。

　そして，この度の頭足類身体シリーズの完結編としての本書，『頭足類身体の自在圏』である。実をいうと，筆者は，前述した著書以外に，『〈狂い〉を生きられる子ども：なぜ3歳未満の乳幼児に注目するのか』という頭足類画・頭足類身体関連の著書を出している。なぜ，同書を上記に挙げなかったかというと，それは，本書（完結編）の底本になっているからである。タイトルからすると，「頭足類画」・「頭足類身体」関連の書物とは判断し得ない同書では，これまで筆者が頭足類画および頭足類身体について論述してきたことを（筆者が）どのような思考プロセスを辿ったかを中心に再構成したものである。そうしたことから，恐らく読者にとって，それを底本にした本書（完結編）が最も読みやすいものになっていると思われる。筆者が論述してきたことを思考プロセスとして意識的にその都度振り返りながら，もう一度，書き直したわけである（い

うなれば，メタ思考的論述）。とはいえ，それが成功しているかどうかは，読者の方々に委ねるしかない。また，筆者が最大級の頭足類身体の持ち主だと評価している，伊藤亜沙の障害者の世界認識についても新稿を掲載した。

　以上のように，筆者は，これらの著書を通して，頭足類画およびそれを描く頭足類身体，特に３歳未満（主に２歳）の乳幼児の生きられる頭足類身体，すなわち客体側と主体側の両面を探究してきたわけであるが，あらためて何がわかったかというと，それは，ホモ・デメンスという３歳未満のときに私たち人間が抱く自己像が，球形もしくは球体ではないかということである。そのことを西田幾多郎は，「矛盾的自己同一の球（無限球）」と表現し，埴谷雄高は，「自在圏」と表現した。

　このように，３歳未満の乳幼児の生きられる頭足類身体，および哲学者や思想家の生きられる頭足類身体は，あらゆる場所が中心になる身体の謂いなのである。頭足類身体は，そうしたあらゆる場所に偏在するとともに，あらゆる場所を中心とするからこそ，自由自在に自己以外の他者・モノ「になる」のだ。執筆し終えてあらためて気づいたのは，頭足類身体が何か「になる」互換的身体（＝過程身体）である以前に，あらゆる場所を自らの住処とすることの方に意味があるのではないかということである。埴谷の「自在圏」は，それを端的に言い得て妙である。つまるところ，私たち人間が動物（動物としてのヒト）になるまでの三年間，母親（特定の養育者）の庇護を受けつつ，頭足類身体を生きられているわけであるが，そのあいだは絶対的な自由という状態にあるように思われる。

　しかしながら，３歳未満の乳幼児については，神経科学や心理学の立場から彼らの行動を緻密に分析する研究がなされても，目には見えない，彼らの生きられるトータルな世界を捉えることができない（それは，専ら，文学に託されてきた）。それを打破するために，筆者はさまざまな分野の知見を持ち出しながら，頭足類身体論を展開してきたのである。

　また，本書が副次的に貢献し得るとすれば，それは，これまでも再三，述べてきたように，「子ども」を根本的に捉え直す視点を提供したことである。これま

で，一般の発達心理学は，子どもを大人の相似形で捉え，「子どもとしての子ども」を軽視してきた。いわゆる，「大人の自己中心化」（ワロン研究者，加藤義信の言葉）である。一方，精神分析，特にフロイトの自我心理学は，「子ども時代」をトラウマの震源にし，闇（ブラックなもの）に貶めてきた。これまで，学問の独自性を確保するために，精神分析や凡庸な発達心理学が流布してきた，「子ども」に対する先入見や刷り込みは，蛮行に値する。

　一つ目の「大人の自己中心化」についていえば，子どもからみて完成体（発達の結果）としての大人は，未完成体である子どもに，（大人にって）都合の良いものだけを投射し，発見（実は，再発見）しようと目論んだり，子ども自身の素朴な行動の背景には何らかの明確な感情や動機・理由があるはずだと詮索・補足したり，さらには，子どもの未熟さを「まだ，知識や知恵が足りない」，「まだ，感情が育ってない」，「まだ，意志が育ってない」等々という具合に，知・情・意のネガティヴ使用または引き算で考えたりしてきた。総じて，大人は子どもを発達途上の未熟な者だと一方的に規定してきた。こうした大人の子ども理解には，子どもが大人とは根本的に「異なる存在」だと捉える謙虚さが欠落している。一方，子どもは自らの子ども期や子ども時代をただ生きられるだけであり，自らの存在価値，ましてや生きられる頭足類身体という人間の究極の特性を大人に伝える術を持たない。しかも大人は大人で，３歳未満の生きられる頭足類身体のときの体験をすっかり失念してしまっている。そして，大人は一日も早く自立せよと急き立てるのだ（具体的には，自立が遅れるからという「大人の事情（自己中心化）」だけで，１～２歳の乳幼児からおしゃぶり（ちまめ）を取り上げる親がいる）。

　「大人の自己中心化」に輪をかけて酷いのは，精神分析という二十世紀で終焉したはずの学問である。今日になっても，「分裂（スプリッティング）」や「エディプス・コンプレックス」などの防衛機制を信憑する者が少なからずいるが，最新の神経科学の知見を持ち出さずとも，精神分析がアナクロニズムどころか，新左翼のフランクフルト学派への影響を考えれば，イデオロギー以外の何物でもな

218

いことは明らかである。とりわけ，精神分析をベースとする臨床心理学は危うい（認知行動療法もいかがわしいが，精神分析と比べたら科学的で，エビデンスベイスドの心理療法といえるかもしれない）。そのことはさておき，精神分析が自らの地位を築くために，子ども時代を真っ暗（ブラック）に染め上げてきた罪はとてつもなく大きい（この裏返しまたは反動が「インナーチャイルド」を唱えるスピリチュアルな心理学・心理療法［オカルト］であろう）。どちらも御免蒙りたい。サイコオタクよ，いい加減にして欲しい（いまでも，相変わらず，精神分析は現代思想で過大評価され続けている）。

　精神分析は，子どもや子ども時代が大人と比べて白紙状態に近いことを利用（悪用）して，これらをトラウマの震源にすることで，心理治療を構築した。いま，ここにあるクライエントの心の病は，過去の子ども時代に起こった家庭の不和や親からの虐待やネグレクトなどに基因しているのだという具合に，「大きな物語」を作話した（でっちあげた）のだ。この作話は，前述した凡庸な発達心理学（心理学）よりも悪質である。J.ハーマンの記憶回復療法で証明されたように，家族におけるトラウマ物語は，「被害者」も「加害者」もみな，不幸にしてしまうだけだ。トラウマで得をするのは，精神分析家をはじめとする，人の不幸を飯の種にする心理療法家だけなのである（この類いの心理療法家は，そのことを肝に銘じよ）。いまこそ，ワロンらの発達心理学を通して，子どもおよび子ども時代を取り返すことこそ，喫緊の課題なのである。

　不愉快な話はこれで終わりにしよう。

　いまこそ，空白の子ども時代を頭足類画および頭足類身体の原論理によって埋め尽くし，まったく新しい子ども観・人間観に目を向けて欲しい。私たちホモ・サピエンス・サピエンス（現生人類）は，地球上の生物の中で唯一，頭足類身体を有しているのであり，最も豊かな生を享受し得るし，実際に享受しているのである。

令和三年七月七日

筆　者

著者略歴

中井孝章（なかい　たかあき）

1958 年大阪府生まれ。現在, 大阪市立大学生活科学研究科教授。学術博士。

主著：『学校知のメタフィジックス』三省堂／『学校身体の管理技術』春風社

単著（〈2010 年〉以降）：

『子どもの生活科学』日本地域社会研究所＋ honto から電子ブック刊行

『配慮（ケア）論』大阪公立大学共同出版会

『忘却の現象学』,『イメージスキーマ・アーキテクチャー』,『無意識 3.0』三学出版

『空間論的転回序説』大阪公立大学共同出版会

『教育臨床学のシステム論的転回』大阪公立大学共同出版会

『〈心の言葉〉使用禁止！―アドラー心理学と行動分析学に学ぶ―』三学出版

『カウンセラーは動物実験の夢を見たか』大阪公立大学共同出版会

『驚きの因果律あるいは心理療法のデイストラクション』大阪公立大学共同出版会

『防衛機制を解除して解離を語れ』大阪公立大学共同出版会

『脱感作系セラピー』[脳・心のサイエンス 1] 日本教育研究センター

『離人症とファントム空間』[脳・心のサイエンス 2] 日本教育研究センター

『頭足類身体原論』大阪公立大学共同出版会＋日本教育研究センターから頭足類身体シリーズ刊行

『ケア論 I キュアとケア』『ケア論 II マザリング』『ケア論 III 当事者研究』日本教育研究センター

『〈子どもが「指導」に従いながら同時に「自立」する〉教育の可能性』デザインエッグ社

『カブグラ症候群という迷路』[脳・心のサイエンス 3] 日本教育研究センター

『〈生きられる〉プロジェクション』日本教育研究センター

『進化するシンローグ：共話と協話』日本教育研究センター

『「楽しさ」の習慣論：進化論的アプローチ』日本教育研究センター

『スマートフォン依存症の正体：オンライン後の「子ども」たち』日本教育研究センター

『オンライン前夜の子ども：電子メディア時代の問題群』日本教育研究センター

『生存のための身体信号 (ソマティックマーカー)』【脳・心のサイエンス 4】日本教育研究センター

『言語の遊戯論的転回：聖・俗から遊へ』デザインエッグ社

『〈狂い〉を生きられる子ども：なぜ 3 歳未満の乳幼児に注目するのか』デザインエッグ社

『憑依と背後の身体空間：共同信憑から個人信憑へ』日本教育研究センター

『行動と意識 I　実在論に基づく認識様式』日本教育研究センター, など

共著：『ぬいぐるみ遊び研究の分水嶺』（堀本真以氏との共著）大阪公立大学共同出版会

頭足類身体の自在圏（頭足類身体シリーズ・完結編）

2021 年 8 月 30 日　　初版発行	
著者	中 井 孝 章
発行者	岩 田 弘 之
発行所	株式会社　日本教育研究センター
〒 540-0026	大阪市中央区内本町 2-3-8-1010
	TEL.06-6937-8000　FAX.06-6937-8004
	https://www.nikkyoken.com/

ISBN 978-4-89026-218-2　　　C3037　　　　　　Printed in Japan